UPDATE

Fremd-
wörter

Bisher sind in dieser Reihe erschienen:

- Deutsch Rechtschreibung
- Fremdwörter
- Englisch Grundwortschatz
- Französisch Grundwortschatz
- Italienisch Grundwortschatz
- Spanisch Grundwortschatz

© 2010 Compact Verlag GmbH München
Alle Rechte vorbehalten. Nachdruck, auch
auszugsweise, nur mit ausdrücklicher
Genehmigung des Verlages gestattet.
Text Spezialseiten: Christian Dünisch
Redaktion: Barbara Holzwarth, Felicitas Zahner
Produktion: Wolfram Friedrich
Gestaltung: h3a GmbH, München
Umschlaggestaltung: h3a GmbH, München

ISBN 978-3-8174-7967-2
7279671

Besuchen Sie uns im Internet: www.compactverlag.de

Vorwort

Das Wissens-Update für mehr Erfolg in Schule, Studium und Beruf

Dieses kompakte Wörterbuch bietet einen schnellen Zugriff auf die wichtigsten Fremdwörter, auf die man im Unterricht, in Texten sowie im Gespräch immer wieder trifft. Jedes Fremdwort ist leicht verständlich erklärt. Grammatikalische Hinweise, Schreibvarianten und Herkunftsangaben vervollständigen die Einträge.

Zahlreiche Zusatzinformationen weisen auf spezielle Verwendungsmöglichkeiten hin und liefern ausführliche Erklärungen zu Herkunft und Bedeutung bestimmter Wörter. Auf Spezialseiten werden Topthemen des Gebrauchs und der Herkunft von Fremdwörtern gesondert behandelt.

 Dieses Symbol kennzeichnet interessante Zusatzinformationen.

ABKÜRZUNGSVERZEICHNIS

Abk.	Abkürzung
afrikan.	afrikanisch
ägypt.	ägyptisch
altnord.	altnordisch
amerik.	amerikanisch
arab.	arabisch
bes.	besonders
bzw.	beziehungsweise
chin.	chinesisch
d. h.	das heißt
drawid.	drawidisch
dt.	deutsch
EDV	Elektronische Datenverarbeitung
engl.	englisch
eskim.	Eskimosprache
Ez.	Einzahl (Singular)
finn.	finnisch
frz.	französisch
germ.	germanisch
gr.	griechisch
hebr.	hebräisch
Hindi.	Hindisprache
it.	italienisch
jap.	japanisch
Jh.	Jahrhundert
jidd.	jiddisch
jmd.	jemand

ABKÜRZUNGSVERZEICHNIS

jmds.	jemandes
kelt.	keltisch
kreol.	kreolisch
lat.	lateinisch
malai.	malaiisch
Mus.	Musik
Mz.	Mehrzahl (Plural)
nepales.	nepalesisch
nlat.	neulateinisch
niederdt.	niederdeutsch
niederl.	niederländisch
norweg.	norwegisch
o./od.	oder
pers.	persisch
polynes.	polynesisch
portugies.	portugiesisch
roman.	romanisch
russ.	russisch
sanskr.	Sanskrit
semit.	semitisch
schwed.	schwedisch
slaw.	slawisch
span.	spanisch
tschech.	tschechisch
türk.	türkisch
ugs.	umgangssprachlich
v. a.	vor allem
z. B.	zum Beispiel

A

a cappella ein- oder mehrstimmiger Gesang ohne Instrumentalbegleitung [it.]
à la nach Art von/im Stil von [frz.]
à part beiseite sprechend (im Theater) [frz.]
a priori von vornherein, nicht aus Erfahrung [lat.]

> **i** **a-/ab-** Vorsilbe aus dem Lateinischen, die bei Wortzusammensetzungen mit der Bedeutung *von, weg* gebraucht wird

ABC-Waffen (nur Mz.) Sammelbezeichnung für atomare, biologische und chemische Waffen
Ablegat (der, -en, -en) päpstlicher Gesandter [lat.]
Abnormität (die, -, -en) vom Normalen Abweichendes, weil krankhaft oder außergewöhnlich [lat.]
Abonnement (das, -s, -s) fest vereinbarter Bezug von Zeitungen oder Zeitschriften oder das Anrecht zum Besuch einer bestimmten Theater- oder Konzertreihe [frz.]
Aborigine (der, -s, -s) Ureinwohner Australiens [lat.-engl.]
Abort (der, -s, -e) Fehlgeburt [lat.]
Absenz (die, -, en) Abwesenheit [lat.]
Absolution (die, -, -en) Aufhebung, Lossprechung von den Sünden (durch einen katholischen Priester) [lat.]
absorbieren etwas völlig in sich aufnehmen [lat.]
abstrakt nicht gegenständlich [lat.]
abstrus schwer verständlich [lat.]
absurd widersinnig, dem gesunden Menschenverstand widersprechend [lat.]

Abszess (der, -es, -e) Eiteransammlung in einer neu entstandenen Körperhöhle [lat.]

Abszisse (die, -, -n) Waagerechte oder x-Achse in einem zweidimensionalen Koordinatensystem [lat.]

abundant reichlich, im Überfluss vorhanden [lat.]

Abusus (der, -, -) Missbrauch (bes. von Arzneimitteln) [lat.]

Accessoire (das, -s, -s) modisches Zubehör wie Hut, Tasche, Gürtel [frz.]

Account (der, -s, -s) Zugangsberechtigung zu einem EDV-Netzwerk oder Onlinesystem [engl.]

Action (die, -, -s) spannendes Ereignis, spannende Handlung [lat.-engl.]

i **ad-** Vorsilbe aus dem Lateinischen mit der Bedeutung *an, bei, zu*. Wird leicht mit der Vorsilbe *ab-* verwechselt, bedeutet aber das Gegenteil.

ad absurdum etwas *ad absurdum* führen (die Unsinnigkeit einer Sache oder Handlung verdeutlichen) [lat.]

ad acta zu den Akten [lat.]

i Im übertragenen Sinn bedeutet *eine Sache ad acta legen*, dass man sie als abgeschlossen und erledigt betrachtet.

ad hoc aus dem Stegreif [lat.]

Adaption (die, -, -en) Anpassung, z. B. eines Organismus an seine Umwelt [lat.]

adäquat angemessen, entsprechend [lat.]

additiv hinzufügend, z. B. additive Wirkung: Wirkungsverstärkung durch Zusammenfügung der Wirkungsbestandteile [lat.]

adhäsiv anhaftend, klebend [lat.]
Adjektiv (das, -s, -e) Eigenschaftswort [lat.]
adjustieren genau einstellen, normen, eichen [lat.]
Administration (die, -, -en) die Verwaltung [lat.]

> In den USA und in Großbritannien ist mit dem Wort **Administration** auch die Regierung gemeint.

Adoleszenz (die, -, nur Ez.) Jugendalter, bes. der Abschnitt nach der Pubertät [lat.]
adoptieren an Kindes statt annehmen, auch bildlich: z. B. einen Namen übernehmen [lat.]
Adrenalin (das, -s, nur Ez.) Hormon des Nebennierenmarks [lat.]
adrett hübsch, ordentlich [frz.]

Adverb (das, -s, -en oder -ien) Umstandswort [lat.]
Advertisement (das, -s, -s) Inserat, Anzeige [engl.]
Aero- Luft- [gr.]

> **Aerobic** ist eine Art rhythmischen Turnens, das dem Jazztanz verwandt ist und darauf abzielt, die Leistungsfähigkeit des Körpers zu steigern. **Aerodynamik** ist die Lehre von der Bewegung gasförmiger Stoffe, z. B. der Luft. Ein **Aerometer** ist ein Messgerät für die Dichte und das Gewicht der Luft. Die Luftfahrt bezeichnet man auch als **Aeronautik**.

Affaire (die, -, -n) peinlicher Vorfall; Liebesverhältnis [frz.]
Affekt (der, -s, -e) eine heftige Erregung aus einer außergewöhnlichen Anspannung heraus [lat.]

ℹ Verbrechen, die im **Affekt** begangen werden, können straflos bleiben oder milder bestraft werden.

affektiert geziert, gekünstelt [lat.]
affektiv gefühlsbetont [lat.]
Affinität (die, -, -en) das Bestreben von Atomen, sich miteinander zu vereinigen; auch Anziehungskraft zwischen Menschen, Wesensverwandtschaft [lat.]
Affront (der, -s, -s) eine Beleidigung, die den Gegner herausfordern soll [frz.]
Agent (der, -en, -en) Spion; auch Vermittler von Engagements [engl.]

ℹ Ein **Agent** beschafft als Spion Informationen. Als *Agenten* werden auch Abgesandte eines Staates und Handelsvertreter bezeichnet. Der **Agent provocateur** auch: *Agent Provocateur* ist ein Lockspitzel, der andere zu Straftaten überreden soll, um sie zu überführen.

Agentur (die, -, -en) Wirtschaftsunternehmen, welches Künstlern Engagements vermittelt [lat.]

ℹ Eine **Nachrichtenagentur** sammelt Neuigkeiten aus aller Welt und gibt sie an die Presse weiter.

Aggression (die, -, -en) Angriffslust [lat.]
Aggressor (der, -s, -en) Angreifer [lat.]
agieren handeln, eine Rolle spielen [lat.]
agil beweglich, regsam [lat.]
Agitation (die, -, nur Ez.) politische Propaganda, aufhetzende Beeinflussung für politische oder soziale Ziele und Zwecke [lat.]

Agonie (die, -, -n) Todeskampf, Todesschmerzen [gr.]
agrar landwirtschaftlich [gr.-lat.]

ℹ️ Ein **Agrarprodukt** ist ein landwirtschaftliches Erzeugnis. Bei einer **Agrarreform** werden Grund und Boden umverteilt (z. B. Enteignung von Großgrundbesitzern). Die Wirtschaft eines **Agrarstaates** ist, im Gegensatz zum Industriestaat, überwiegend durch die Landwirtschaft bestimmt.

Agreement (das, -s, -s) eine Übereinkunft ohne schriftliche Form; z. B. *Gentleman's Agreement* [engl.]
Agrikultur (die, -, -en) die Landwirtschaft, der Ackerbau [lat.]
Agronomie (die, -, nur Ez.) Wissenschaft von der Landwirtschaft [gr.]

Aids (das, -, nur Ez.) Abkürzung für *acquired immune deficiency syndrome*: Schwächung des menschlichen Immunsystems, die meist zum Tode führt [engl.]
Aircondition auch: Air-Condition (die, -, nur Ez.) Klimaanlage [engl.]
Air-Force (die, -, nur Ez.) die englische und amerikanische Luftwaffe [engl.]
Airbag (der, -s, -s) Luftsack in einem Auto, der sich bei einem Unfall (Aufprall) blitzartig aufbläst und so Insassen vor schweren Verletzungen schützt [engl.]
Airbrush (der, -(s), -s) Farbspritzpistole, die für besondere grafische Effekte verwendet wird [engl.]
Airbus (der, -, -se) ein großes Mittelstreckenflugzeug, das von mehreren europäischen Herstellern entwickelt wurde [engl.]

Airmail (die, -, -s) Luftpost [engl.]

Akademiker (der, -s, -) jmd., der eine abgeschlossene Hochschulausbildung hat [gr.]

Akklamation (die, -, -en) zustimmender Beifall. Im Parlament ist bei *Akklamation* keine Abstimmung mehr nötig. [lat.]

akklimatisieren sich langsam an ein fremdes Klima oder eine fremde Umgebung gewöhnen, sich den Verhältnissen anpassen [lat.]

Akkord (der, -s, -e) 1. sinnvolle Verbindung mehrerer Töne zu einem Zusammenklang 2. gebräuchliche Abkürzung für den Akkordlohn, d. h. Stücklohn [frz.]

akkreditieren beglaubigen, z. B. von Diplomaten im Gastland [frz.]

Akkumulator (der, -s, -en) ein Gerät, das elektrische Energie in Form von chemischer Energie speichert. *Akkumulatoren* sind im Gegensatz zu Batterien wiederaufladbar. [lat.]

akkumulieren anhäufen [lat.]

Akne (die, -, nur Ez.) Entzündung der Talgdrüsen im Gesicht mit Pustel- und Knötchenbildung [gr.]

Akonto (das, -s, -ten) Anzahlung [it.]

akquirieren Kunden anwerben; anschaffen, erwerben [lat.]

Akquisition (die, -, -en) Kundenwerbung durch Vertreter; Erwerbung [lat.]

akribisch sehr genau und sorgfältig [gr.]

akritisch unkritisch [gr.-lat.]

Akt (der, -(e)s, -e) 1. feierliche Handlung 2. Darstellung eines nackten menschlichen Körpers 3. Geschlechtsverkehr [lat.]

Aktie (die, -, -n) Anteilschein am Grundkapital einer Handelsgesellschaft [gr.]

A AKTIENINDEX

Aktienindex (der, -(es), -ices) Messskala mit dem Durchschnitt des Wertes der bedeutendsten Aktienkurse [gr.]

Aktionär (der, -s, -e) Aktienbesitzer [gr.]

aktiv handelnd; Gegensatz von passiv [lat.]

Aktiva (nur Mz.) die Vermögenswerte eines Unternehmens [lat.]

aktivieren etwas in Gang setzen [lat.]

aktualisieren etwas auf den neuesten Stand bringen [lat.]

aktuell bedeutend für die Gegenwart, brisant [lat.]

akuminös scharf zugespitzt [lat.-frz.]

Akupunktur (die, -, nur Ez.) Heilverfahren, wird praktiziert durch Einstechen von Nadeln in bestimmte Hautpunkte [lat.]

akut dringend [lat.]

> **i** **Akute Krankheiten** treten offen zutage, im Gegensatz zu latenten Krankheiten. **Akute Lebensgefahr** ist unmittelbare, di-rekte, ernsthafte Lebensgefahr.

Akzeleration (die, -, -en) Beschleunigung [lat.]

Akzent (der, -(e)s, -e) Betonung [lat.]

akzeptieren annehmen, billigen [lat.]

Akzidens (das, -, -denzien) das Zufällige, das Hinzukommende [lat.]

Alabaster (der, -s, nur Ez.) heller, marmorähnlicher, durchscheinender Gips [gr.]

Albino (der, -s, -s) Mensch oder Tier mit fehlender Farbstoffbildung [lat.-span.]

Alchemie (die, -, nur Ez.) mittelalterliche Chemie, bei der versucht wurde, aus unedlen Stoffen Gold zu machen [arab.]

Algebra (die, -, nur Ez.) die Lehre von den Beziehungen zwischen den mathematischen Größen und ihren Regeln [arab.]

alias anders als angegeben, mit anderem Namen [lat.]

Alibi (das, -s, -s) Beweis eines Beschuldigten, dass er sich zur Tatzeit nicht am Tatort eines Verbrechens aufgehalten hat [lat.]

Alimente (die, nur Mz.) Unterhaltsleistungen (insbesondere für nicht eheliche Kinder) [lat.]

Allergie (die, -, -n) überempfindliche Reaktion auf bestimmte Stoffe, z. B. auf Gräserpollen [gr.]

Allianz (die, -, -en) Bündnis, Vereinigung [frz.]

Alliierte (der, -n, -n) Verbündete [lat.-frz.]

> ℹ Mit dem Begriff **Alliierte** sind u. a. die in den beiden Weltkriegen gegen Deutschland verbündeten Staaten, besonders die USA, Frankreich und Großbritannien, gemeint.

Alliteration (die, -, -en) Stabreim; zwei aufeinanderfolgende Wörter beginnen mit demselben Buchstaben: *Wind und Wetter* [lat.]

Allround- vielseitig [engl.]

Allusion (die, -, -en) Anspielung auf Geschehnisse und Bemerkungen der Vergangenheit [lat.]

Almanach (der, -s, -e) Jahrbuch [arab.]

Alphastrahlen (die, nur Mz.) radioaktive Strahlen aus Heliumkernen, die als Folge von Kernreaktionen beim Zerfall von Atomkernen auftreten [semit.-gr.]

Alter Ego (das, -, nur Ez.) 1. bei Personen, die an Bewusstseinsspaltung leiden,

der abgespaltene seelische Bereich
2. eine sehr vertraute Person [lat.]

Alternative (die, -, -n) eine von zwei oder mehreren Möglichkeiten bzw. Lösungsvorschlägen [frz.]

altruistisch selbstlos [lat.-frz.] Amateur (der, -s, -e) Sportler, der kein Gehalt bekommt, seinen Sport also nicht als Beruf betreibt wie ein Profi [frz.]

Ambition (die, -, -en) ehrgeiziges Streben [lat.]

ambivalent doppelwertig, zwiespältig [lat.]

ambulant während der Sprechstunde, z. B. ambulante medizinische Versorgung [lat.]

Amendment (das, -s, -s) Änderungs- bzw. Ergänzungsantrag bei Verträgen oder einer Verfassung [frz.-engl.]

Aminosäure (die, -, -n) organische Säure, Bestandteil der Eiweiße [nlat.]

Amnestie (die, -, -n) Freilassung einer Gruppe von Inhaftierten, oft politischer Häftlinge [gr.]

> **i** **Amnesty International** ist eine internationale Gefangenenhilfsorganisation, die sich für Häftlinge in aller Welt einsetzt, die aus politischen, rassischen oder religiösen Gründen inhaftiert sind.

Amöbe (die, -, -n) Wechseltierchen [gr.-lat.]

Amok (der, -s, nur Ez.) anfallartiger Verwirrungszustand mit panischer, blindwütiger Reaktion, z. B. Mordlust [malai.]

amortisieren die Anschaffungskosten durch den Ertrag wieder hereinbringen [lat.]

Amour fou (die, -, nur Ez.) heftige und verhängnisvolle Liebe [frz.]
Ampere (das, -(s), -) Maßeinheit der elektrischen Stromstärke [frz.]
Amplitude (die, -, -n) größter Ausschlag einer Schwingung, z. B. bei einem Pendel [lat.]
Amputation (die, -, -en) operative Abtrennung einer Gliedmaße [lat.]
Amulett (das, -(e)s, -e) Gegenstand, der zur Unheilabwehr getragen wird [lat.]
amüsieren sich vergnügen [frz.]
Anabolikum (das, -s, -ka) Muskelaufbaupräparat aus androgenen Hormonen [gr.-lat.]
Anachronismus (der, -, -men) zeitlich nicht zueinanderpassende Zustände; überholte Anschauung [gr.]
anachronistisch veraltet, überholt, unzeitgemäß [gr.]

anal den After betreffend [lat.]
analog entsprechend, ähnlich [gr.]
Analogie (die, -, -n) Übereinstimmung [gr.]
Analphabet (der, -en, -en) jmd., der nicht lesen und nicht schreiben kann [gr.]
Analyse (die, -, -n) systematische Untersuchung [gr.]
Anämie (die, -, -n) Blutarmut, eine Verminderung der roten Blutkörperchen oder des Blutfarbstoffs [gr.]
Anamnese (die, -, -n) die Vorgeschichte einer Krankheit [gr.]
Anarchie (die, -, -n) Zustand der Gesetzlosigkeit [gr.]
Anapher (die, -, -n) Wiederholung des Anfangswortes bei aufeinanderfolgenden Sätzen [gr.]
Anästhesie (die, -, -n) Betäubung; Ausschaltung der Schmerzempfindlichkeit durch Narkose [gr.]

ANATOMIE

Anatomie (die, -, -n) 1. (nur Ez.) Wissenschaft, die sich mit dem Bau des (menschlichen) Körpers und seiner Organe befasst 2. anatomisches Institut [gr.]

androgyn sowohl männliche als auch weibliche Geschlechtsmerkmale aufweisend [gr.-lat.]

Anekdote (die, -, -n) kurze, witzige Erzählung, die eine Persönlichkeit charakterisiert [gr.]

Angina (die, -, -nen) fiebrige Entzündung im Rachenraum, bes. der Mandeln [gr.-lat.]

animalisch tierisch [lat.]

Animateur (der, -s, -e) jemand, der Urlauber in den Ferien zu Spiel und Sport anregt und sie unterhält [lat.-frz.]

animieren andere Menschen zu etwas anregen [lat.-frz.]

Animosität (die, -, -en) Widerwille, Abneigung [frz.]

Annonce (die, -, -n) Anzeige in Zeitungen und Zeitschriften [frz.]

Annuität (die, -, -en) jährliche Rate aus Tilgungsbetrag und Schuldzinsen [frz.]

annullieren etwas für ungültig erklären, rückgängig machen [lat.]

Anode (die, -, -n) positive Elektrode [gr.-engl.]

Anomalie (die, -, -n) Abweichung vom Normalen [gr.]

Anomie (die, -, -n) Gesetzlosigkeit [gr.]

anonym ungenannt, namenlos [gr.-lat.]

Anonymität (die, -, nur Ez.) namentliche Unbekanntheit, das Unpersönlichsein [gr.-lat.]

ℹ️ Man spricht auch von der **Anonymität großer Städte**, in denen der Einzelne oft nicht als Individuum wahrgenommen wird.

i **ant-/anti-** aus dem Griechischen stammende Vorsilbe mit der Bedeutung *gegen*

Antagonist (der, -en, -en) Gegenspieler [gr.]

Anthologie (die, -, -n) Sammlung ausgewählter Schriften verschiedener Dichter [gr.]

Anthropogenese (die, -, nur Ez.) Lehre von der Abstammung des Menschen [gr.]

Anthropologe (der, -n, -n) Wissenschaftler, der sich mit dem Menschen und seiner natur- und geisteswissenschaftlichen Entwicklung befasst [gr.]

Anthroposophie (die, -, nur Ez.) Weltanschauungslehre nach Rudolf Steiner, nach der der Mensch höhere seelische Fähigkeiten entwickeln und dadurch übersinnliche Erkenntnisse erlangen kann [gr.]

Antibabypille (die, -, -n) empfängnisverhütendes Mittel, das hormonell eine Schwangerschaft vortäuscht, dadurch den Eisprung unterdrückt und somit vor einer ungewollten Schwangerschaft schützt [gr.-engl.-lat.]

antibakteriell gegen Bakterien wirkend [gr.]

Antibiotikum (das, -s, -ka) Wirkstoff gegen Krankheitserreger, wird aus den Stoffwechselprodukten von Mikroorganismen gewonnen [gr.]

Antihistaminikum (das, -s, -ka) Medikament gegen eine Allergie [lat.]

antik alt, auch dem klassischen Altertum zuzurechnen [lat.-frz.]

A ANTIPATHIE

i Die **Antike** ist das Zeitalter der griechischen und römischen Hochkulturen.

Antipathie (die, -, -n) Abneigung gegen eine Person oder eine Sache [gr.]

Antipode (der, -n, -n) 1. ein Mensch, der auf der entgegengesetzten Seite der Erde lebt 2. jmd., der entgegengesetzter Ansicht ist [gr.]

i In einem **modernen Antiquariat** werden Rest- und Sonderauflagen neuer Bücher gehandelt.

antiquiert veraltet [lat.]
Antiquität (die, -, -en) altertümlicher, meist wertvoller Gegenstand [lat.]
Antisemitismus (der, -, nur Ez.) feindselige Haltung gegenüber Juden [gr.-lat.]
antiseptisch desinfizierend, keimtötend [gr.]

Antithese (die, -, -n) Gegenbehauptung, Gegenthese [gr.-lat.]
antizyklisch in unregelmäßiger Folge wiederkehrend [gr.-lat.]
Anus (der, -, -ni) After [lat.]
Aorta (die, -, -ten) Hauptschlagader [gr.]
Apanage (die, -, -n) regelmäßige Zahlungen an nichtregierende Mitglieder eines regierenden Fürstenhauses [frz.]
apart auf außergewöhnliche Weise reizvoll, anziehend [frz.]
Apartheid (die, -, nur Ez.) Rassentrennung (früher in Südafrika praktiziert) [afrikaans]
Apathie (die, -, -n) teilnahmsloser, gleichgültiger Zustand [gr.-lat.]
Aperitif (der, -s, -s) alkoholisches Getränk vor dem Essen (Appetitanreger) [frz.]

Aphorismus (der, -, -men) Sinnspruch [gr.]

apokalyptisch auf das Weltende hinweisend; Unheil ankündigend [gr.]

Apologie (die, -, -n) Verteidigungsrede, -schrift [gr.]

Apparat (der, -(e)s, -e) zusammengesetztes technisches Gerät [lat.]

> **i** Im übertragenen Sinn ist mit **Apparat** auch die bürokratische Organisation in Politik, Verwaltung und Wirtschaft gemeint.

Appeal (der, -s, nur Ez.) die Ausstrahlung, der Anreiz, z. B. der *Sex-Appeal* [engl.]

Appeasement (das, -s, nur Ez.) Nachgiebigkeit, Beschwichtigung [lat.-frz.-engl.]

Appell (der, -s, -e) ein Aufruf, aber auch das Antreten zum Befehlsempfang beim Militär [frz.]

Approach (der, -(e)s, -s) Annäherung an ein bestimmtes Problem; Lösungsansatz, -vorschlag [engl.]

Approbation (die, -, -en) die staatliche Zulassung für Ärzte und Apotheker [lat.]

Apriorismus (der, -, -men) Lehre, die eine von der Erfahrung unabhängige Erkenntnis voraussetzt [lat.]

apropos übrigens [frz.]

Apsis (die, -, -siden) halbrunde Überwölbung (eines Kirchenraums mit Altar) [gr.]

Aquädukt (das, -(e)s, -e) Wasserleitung in Form einer Bogenbrücke [lat.]

Aquanaut (der, -s, -en) Forscher, der in einer Unterwasserstation die Lebens- und Umweltbedingungen in großen Tiefen erkundet [lat.-gr.]

Aquaplaning (das, -(s), nur Ez.) Wasserglätte auf regennasser Straße [lat.-engl.]

Aquarell (das, -s, -e) Wasserfarbenbild [it.]

Äquator (der, -s, nur Ez.) größter Breitenkreis der Erdkugel [lat.]

äquivalent gleichwertig [lat.]

Arabeske (die, -, -n) Pflanzenornament; stilistischer Schnörkel [frz.]

archaisch frühzeitlich, altertümlich [gr.]

Archäologie (die, -, nur Ez.) Altertumskunde auf der Basis von Ausgrabungen [gr.]

Archetyp (der, -s, -en) Urbild; älteste Fassung, Ausgangsform [gr.]

Archipel (das, -s, -e) Inselgruppe [it.]

Archiv (das, -s, -e) Urkundensammlung [gr.-lat.]

Areal (das, -s, -e) Fläche, Gelände [lat.]

Argument (das, -s, -e) Begründung für eine Aussage [lat.]

arid trocken (Klima) [lat.]

Arie (die, -, -n) opernhafter Sologesang mit Instrumentalbegleitung [lat.]

Aristokratie (die, -, -n) Adel; Adelsherrschaft [gr.]

Arithmetik (die, -, nur Ez.) Zahlenlehre, die sich mit bestimmten und allgemeinen Zahlen befasst [gr.]

Arrangement (das, -s, -s) künstlerische Zusammenstellung [frz.]

In der Musik ist ein **Arrangement** die Bearbeitung eines Musikstücks für andere Instrumente als die, für die es geschrieben wurde. Diese Arbeit leistet der **Arrangeur**.

Array (das oder der, -s, -s) 1. Anordnung gleichartiger Objekte 2. in der EDV Elemente, die unter einem gemeinsamen Namen gespeichert sind [engl.]

Arrayprozessor (der, -s, -en) Rechner aus mehreren einzelnen Prozessoren [engl.]

Arrest (der, -(e)s, -e) „leichte" Freiheitsstrafe, z. B. Jugendarrest [lat.]

arretieren blockieren, festmachen [frz.]

arriviert anerkannt [frz.]

arrogant hochmütig, eingebildet [frz.]

Arsenal (das, -s, -e) Waffenlager [arab.-it.]

Art nouveau (die, -, nur Ez.) Bezeichnung für Jugendstil in England u. Frankreich [frz.]

Artefakt (das, -(e)s, -e) 1. Kunsterzeugnis 2. durch Menschenhand bearbeitetes, frühgeschichtliches Werkzeug 3. künstlich hervorgerufene Verletzung [lat.]

Arterie (die, -, -n) Schlagader, die das Blut vom Herzen zu einem Organ führt [gr.]

Arteriole (die, -, -n) kleinste Arterie [gr.]

Arthritis (die, -, -tiden) schmerzhafte Gelenkentzündung [gr.]

Arthrose (die, -, -n) nicht entzündliches Gelenkabnutzungsleiden [gr.]

Artikulation (die, -, -en) deutliche Lautbildung, Aussprache [frz.]

Asbest (das, -(e)s, -e) säure- und feuerfeste mineralische Faser [gr.]

Aschram (der, -s, -s) Zentrum zur Übung geistiger Konzentration im Hinduismus [sanskr.]

ASCII-Code (der, -s, nur Ez.) Abkürzung für *American Standard Code of Information Interchange*: normierter Code zum elektronischen Datenaustausch [engl.]

Askese (die, -, nur Ez.) streng enthaltsame und entsagende Lebensweise zur Verwirklichung religiöser Ideale [gr.]

Was ist ein Fremdwort?

Es gibt in allen Sprachen der Welt Wörter, die aus anderen Sprachen übernommen wurden. Die Gründe für solche Übernahmen sind unterschiedlich. Häufig finden sie in Sprachgrenzräumen wie in Norddeutschland aus dem Dänischen, im Alpenraum aus dem Italienischen oder Rätoromanischen sowie im Rheinland aus dem Französischen statt (sogenannte Grenzentlehnungen). Außerdem führt die Vorreiterrolle einer Kultur zur Übernahme von Fachbegriffen aus ihrer Sprache. Solche kulturellen Übernahmen fanden im Deutschen in der Vergangenheit stets aus dem Lateinischen statt, epochenweise auch aus dem Französischen, heute stammen sie überwiegend aus der englischen Sprache.

Fremdwörter erkennt man im Deutschen an folgenden Merkmalen:

- Sie weisen nichtmuttersprachliche Silben auf, besonders am Wortanfang und am Wortende (Hydrophobie, expressiv, Kontemplation, Stalking, Proportion, studieren).
- In Fremdwörtern treten im Deutschen fremde Laute und Lautkombinationen auf (Etui, Genre, Team).
- Laute werden in einer für das Deutsche unüblichen Weise verschriftlicht (Boom, Friseur, Philharmonie).
- Es treten Laut- und Buchstabenkombinationen auf, die es im Deutschen nicht gibt (Skonto, Gnosis, Tsatsiki).
- Fremdwörter sind im Sprachgebrauch selten.

Obgleich viele Fremdwörter eine Kombination der genannten Merkmale aufweisen, sind diese keine eindeutigen Indikatoren. Denn einerseits sind auch manche deutschen Wörter selten und andererseits sind viele Fremdwörter durch eingedeutschte Schreibweisen nicht mehr auf den ersten Blick als solche erkennbar (französich: choc, deutsch: Schock). Zudem hat sich die Aussprache vieler Fremdwörter von der Ursprungssprache entfernt und deutschen Aussprachegewohnheiten angepasst (Balkon, Sport). Schließlich können bestimmte Silben sowohl fremd- als auch muttersprachlich sein, wie etwa ab- oder -ieren.

Fremdwörter werden stets in verschiedenen Graden in die aufnehmende Sprache integriert. Wörter aus dem Englischen etwa werden im Deutschen nach den deutschen Grammatikregeln gebeugt, nicht nach den englischen (englisch: updated, deutsch: upgedated). Der Grad der Angleichung an das deutsche Sprachsystem ist von Fremdwort zu Fremdwort unterschiedlich und stellt einen nicht abgeschlossenen Prozess dar. So stammt das Wort Schule ursprünglich aus dem Griechischen, wurde von dort ins Lateinische übernommen und bereits in germanischer Zeit in die deutsche Sprache integriert. Heute ist das Wort Schule kein Fremdwort mehr. Ähnlich steht es mit Begriffen wie Fenster oder Wall, die schon so lange im Deutschen gebraucht werden, dass ihre lateinische Herkunft dem alltäglichen Sprachbenutzer gar nicht mehr bewusst ist. Die Grenzen zwischen Fremdwort und heimischem Wort sind also fließend.

asozial gesellschaftsschädigend, unfähig zur Gemeinschaft [lat.]

Aspekt (der, -(e)s, -e) Blickwinkel, Gesichtspunkt [lat.]

Aspirometer (das, -s, -) Gerät zum Bestimmen der Luftfeuchtigkeit [lat.-gr.]

Assertion (die, -, -en) Behauptung, Versicherung [lat.]

Assessment-Center auch: Assessmentcenter (das, -s, -) Testverfahren für Stellenbewerber, das mit psychologischen Tests arbeitet; besonders für die Führungsebene eines Unternehmens [engl.]

Assimilation (die, -, -en) Anpassung [lat.]

ℹ️ In der Biologie bezeichnet die **Assimilation** den Vorgang, bei dem Pflanzen aus Kohlensäure und Wasser mithilfe von Licht Sauerstoff bilden.

Associated Press (Abkürzung: AP) eine große amerikanische Nachrichtenagentur [engl.]

Assoziation (die, -, -en) Zusammenschluss; Verknüpfung von Vorstellungen [frz.]

Asteroid (der, -en, -en) kleiner Planet [gr.]

Ästhesiologie (die, -, nur Ez.) Lehre von den Sinnesorganen [gr.]

ästhetisch stilvoll, geschmackvoll [gr.-lat.]

astral die Sterne betreffend [lat.]

Astrobiologie (die, -, nur Ez.) Wissenschaft, die außerirdisches Leben erforscht [gr.]

Astrologie (die, -, nur Ez.) Sterndeutung [gr.]

Astronaut (der, -en, -en) Weltraumfahrer [gr.]

Astronomie (die, -, nur Ez.) die Wissenschaft der Stern- und Himmelskunde [gr.]

Asyl (das, -s, -e) Aufnahme und Schutz insbesondere politisch Verfolgter [gr.-lat.]

ℹ️ Anerkannte **Asylbewerber** genießen in der Bundesrepublik nach Artikel 16 des Grundgesetzes **Asylrecht**.

Atavismus (der, -, -men) Wiederauftreten alter stammesgeschichtlicher Merkmale, z. B. Körperfellbildung beim Menschen; Rückfall in einen überwunden geglaubten Zustand [lat.]

Atheismus (der, -, nur Ez.) Gottlosigkeit [gr.-nlat.]

Atheist (der, -en, -en) jmd., der nicht an Gott glaubt [gr.-nlat.]

Atmosphäre (die, -, -n) 1. Gashülle eines Himmelskörpers; Lufthülle der Erde 2. Stimmung, Umgebung [gr.]

Atoll (das, -s, -e) ringförmiges Korallenriff [drawid.-engl.-frz.]

Atom (das, -s, -e) die kleinste, mit chemischen Mitteln nicht weiter zerlegbare Einheit eines Elements, die noch die charakteristischen Eigenschaften des Elements besitzt [gr.-lat.]

Atomenergie (die, -, nur Ez.) durch Kernspaltung hergestellte Energie

Attentat (das, -s, -e) gewaltsamer (Mord-)Anschlag auf einen politischen Gegner [frz.]

Attest (das, -(e)s, -e) ärztliche Bescheinigung über eine Krankheit [lat.]

attestieren schriftlich bezeugen, bescheinigen [lat.]

Attraktion (die, -, -en) Anziehungskraft; Anziehungspunkt, Glanznummer [frz.]

Attrappe (die, -, -n) täuschend ähnliche Nachbildung [frz.]

ATTRIBUT

Attribut (das, -(e)s, -e) Merkmal, Kennzeichen; Beifügung [lat.]

atypisch untypisch, nicht typisch [gr.]

Audienz (die, -, en) ein offizieller Empfang mit Unterredung, z. B. Papstaudienz [lat.]

au pair Leistung gegen Leistung, ohne Bezahlung [frz.]

ℹ️ Au-pair-Mädchen arbeiten gegen Unterkunft, Verpflegung und ein Taschengeld als Haushaltshilfen im Ausland, um die fremde Sprache zu lernen.

Audiofile (der, -s, -s) Datei mit digitalisierten Tönen [lat.-engl.]

Audiovision (die, -, -en) die Speicherung und Wiedergabe von Informationen in Ton und Bild [lat.-nlat.]

Auditing (das, -s, nur Ez.) Prüfung, Überprüfung, Revision [lat.-engl.]

Audition (die, -, -en) Probesprechen [lat.]

Auditor (der, -s, -en) Beamter, Richter [lat.]

Aura (die, -, -ren) intensive Ausstrahlung, Positivwirkung (einer Person) [gr.]

ausloggen das Beenden eines Computerprogramms [engl.]

austarieren ins Gleichgewicht bringen [dt.-arab.-it.]

Austriazismus (der, -, -men) österreichische Spracheigentümlichkeit [lat.-nlat.]

autark (wirtschaftlich) unabhängig [gr.]

authentisch echt [gr.]

Autobiografie auch: Autobiographie (die, -, -n) literarische Darstellung des eigenen Lebens [gr.]

autochthon eingeboren [gr.-lat.]

AUTOSAVE

Autodidakt (der, -en, -en) jmd., der sich sein Wissen und bestimmte Fähigkeiten selbst beigebracht hat [gr.]

autogen selbsttätig [gr.]

ℹ️ Das **autogene Training** ist eine Methode der Selbstentspannung durch Konzentration.

Autogramm (das, -s, -e) Unterschrift eines Prominenten [gr.-nlat.]

Autokarpie (die, -, nur Ez.) Fruchtbildung einer Pflanze nach Selbstbestäubung [gr.-nlat.]

Autokrat (der, -en, -en) unumschränkter Alleinherrscher [gr.]

Automat (der, -en, -en) Maschine, die nach einem vorgegebenen Programm selbstständig arbeitet [gr.]

Automobil (das, -s, -e) Kraftfahrzeug [gr.-lat.]

autonom nach eigenen Gesetzen unabhängig lebend [gr.]

ℹ️ Im Staatsrecht versteht man unter **Autonomie** die rechtliche Selbstständigkeit von Teilen eines Staates, denen in bestimmten Fragen die Selbstverwaltung gewährt wird.

Autopsie (die, -, -n) Leichenöffnung [gr.]

Autorepeat (das, -s, nur Ez.) Wiederholautomatik bei Abspielgeräten von Tonträgern [lat.-engl.]

Autoreverse (das, -, nur Ez.) Umschaltautomatik bei Kassettenrekordern [gr.-lat.-engl.]

autorisieren ermächtigen, genehmigen [lat.-engl.]

Autosave (das, -, nur Ez.) automatisches Abspeichern von Daten im Computer [lat.-engl.]

A AUTOSOM

Autosom (das, -s, -e) ein Chromosom, das nicht geschlechtsspezifisch ist [gr.-lat.]

Aval (der, -s, -e) Wechselbürgschaft [frz.]

Avance (die, -, -n) Vorsprung, Vorteil, Vorschuss [frz.]

avancieren aufrücken, höherrücken, befördert werden [frz.]

Avantgarde (die, -, -n) 1. Vorkämpfer, Personengruppe, die neue Ideen vertritt 2. Vorhut einer Armee (veraltet) [frz.]

Average (der, -, -s) Durchschnittswert [arab.-engl.-it.-frz.]

Aversion (die, -, -en) Abneigung, Widerwille [lat.]

AWACS (das, -, nur Ez.) Abkürzung für *airborne early warning and control system*: Radar-Frühwarnsystem

Axiologie (die, -, nur Ez.) Lehre von den Werten [gr.-nlat.]

Ayurveda (der, - oder: -s, nur Ez.) Sammlung bedeutender Bücher der altindischen Medizin [sanskr.]

B

Babyboom (der, -s, nur Ez.) Ansteigen der Geburtenzahlen [engl.]

Babysitter (der, -s, -) jmd., der während der Abwesenheit der Eltern auf kleine Kinder aufpasst [engl.]

Bacchanal (das, -s, -e) Trinkgelage (mit Wein) [lat.]

Back-up auch: Backup (das, -s, -s) Sicherungskopie von Dateien [engl.]

Backbord (das, -s, nur Ez.) linke Schiffsseite [engl.]

Background (der, -s, -s) Hintergrund, Herkunft, Kenntnisse [engl.]

backstage hinter der Bühne [engl.]

Bagatelle (die, -, -n) unbedeutende Kleinigkeit [it.-frz.]

ℹ️ Ein **Bagatelldelikt** ist ein Vergehen mit äußerst geringer Schuld des Täters.

Baiser (das, -s, -s) leichtes Eischaumgebäck [frz.]
Baisse (die, -, -n) starker Fall der Wertpapierkurse und der Preise an der Börse gehandelter Waren [frz.]
Balance (die, -, nur Ez.) Gleichgewicht [frz.]
Ballade (die, -, -n) trauriges, ergreifendes Erzählgedicht [frz.]
Ballett (das, -s, nur Ez.) 1. Bühnentanz 2. Bühnentanzgruppe [it.]
Ballyhoo (das, -, nur Ez.) reißerische Werbung, Marktschreierei [engl.]
banal alltäglich, geistlos [frz.]
Banause (der, -n, -n) geistloser Spießbürger; jmd., der kein Kunstverständnis hat [gr.]
Bandage (die, -, -n) Stützverband [dt.-frz.]
Banker (der, -s, -) führender Bankfachmann [engl.]
Bankier (der, -s, -s) Inhaber oder Vorstandsmitglied einer Bank [dt.-it.-frz.]
Bankomat (der, -en, -en) Geldautomat [germ.-it.-gr.-lat.]
Baptisterium (das, -s, -ien) 1. Taufkirche 2. Taufbecken [gr.-lat.]
Bar-Mizwa (die, -, -s) die Einführung eines jüdischen Jungen in die Glaubensgemeinschaft mit Vollendung des 13. Lebensjahrs [hebr.]
Barbar (der, -en, -en) ungebildeter Rohling [gr.-lat.]
barbarisch kulturlos, roh, grausam [gr.-lat.]
Barbecue (das, -(e)s, -s) 1. Gartengrillfest 2. großer Bratrost oder Bratspieß [engl.]

B BARBITURAT

Barbiturat (das, -s, -e) Schlaf- und Beruhigungsmittel auf der Basis von Barbitursäure, das bei häufiger Einnahme zur Sucht führt [nlat.]

Barcode (der, -s, -s) Strichcode [engl.]

Barock (der, -s, nur Ez.) formenreicher europäischer Kunststil im 17. und 18. Jh. mit üppigen Verzierungen [frz.-it.]

Barometer (das, -s, -) Luftdruckmesser (zur Vorhersage von Tief- und Hochdruckwetter) [gr.]

Barrel (der, -s, -s) in Großbritannien und den USA verwendetes Hohlmaß [engl.]

Basaltemperatur (die, -, -en) von Frauen morgens zur Beobachtung des Zyklus gemessene Körpertemperatur, an der sich die Zeit des Eisprungs ablesen lässt [gr.-lat.]

Basement (das, -s, -s) Tiefparterre [engl.]

Basics (nur Mz.) Grundlagen; Grundbestandteile oder -bedingungen wie z. B. die wichtigsten Bestandteile zur Grundversorgung des Menschen oder die grundsätzlichen Elemente einer Sache [engl.]

Basilika (die, -, -ken) frühchristliche Kirche; Kirche mit erhöhtem Mittelschiff [gr.]

Basis (die, -, -sen) Grundlage [gr.-lat.]

i Im militärischen Sprachgebrauch ist mit **Basis** ein Stützpunkt auf fremdem Gebiet gemeint.

basisch mit einem pH-Wert, der über dem Wert 7 liegt

Basisdemokratie (die, -, -en) ein demokratisches System, bei dem das Volk selbst politisch aktiv ist und entscheidet [gr.-lat.]

Bathygrafie auch: Bathygraphie (die, -, nur Ez.) Tiefseeforschung [gr.-nlat.]

Batist (der, -(e)s, -e) leinenähnliches Gewebe [frz.]

Bazillus (der, -, -len) Sporen bildende Bakterie als Krankheitserreger [lat.]

Beat (der, -(s), -s) Rockmusik der 1960er-Jahre; durchgehender gleichmäßiger Grundschlag [engl.]

Behaviorismus (der, -, nur Ez.) Richtung der Psychologie, die durch sozialpsychologisches Verhaltensstudium die seelischen Merkmale von Lebewesen erfassen will [engl.]

beige sandfarben [frz.]

Belle Epoque (die, -, nur Ez.) Zeit des gesteigerten Lebensgefühls in Frankreich zu Beginn des 20. Jhs. [frz.]

Belletristik (die, -, nur Ez.) (schöngeistige) Unterhaltungsliteratur [lat.-frz.]

Benefiz (das, -es, -e) Wohltätigkeitsveranstaltung [lat.]

Benelux Abkürzung für den wirtschaftlichen Zusammenschluss der Länder Belgien, Niederlande und Luxemburg

Berserker (der, -s, -) wilder Kämpfer [altnord.]

bestialisch unmenschlich, teuflisch [lat.]

Bestseller (der, -s, -) Verkaufsschlager [engl.]

Betastrahlen (die, -, nur Mz.) radioaktive Elektronenstrahlen mit sehr hoher Teilchen-Geschwindigkeit [gr.-dt.]

Betarezeptor (der, -s, -en) Rezeptor im Nervensystem [gr.-lat.]

Biennale (die, -, -n) Ausstellung bildender Kunst oder Filmfestival, alle zwei Jahre stattfindend [lat.-it.]

Bigamie (die, -, -n) Doppelehe [lat.-gr.]

bigott Frömmigkeit zur Schau tragend, scheinheilig, übertrieben glaubenseifrig [frz.]

Bilanz (die, -, -en) Gegenüberstellung von Vermögenswerten (Aktiva) und Vermögensquellen (Passiva) eines Unternehmens zum Ende eines Geschäftsjahres [lat.-it.]

> ℹ️ **Bilanz** wird auch sinnbildlich gebraucht, z. B. die Bilanz eines Lebens ziehen.

bilateral zwei Seiten betreffend [lat.-it.]

> ℹ️ Unter **Bildfrequenz** (die, -, -en) versteht man die Anzahl der in einer Sekunde von einer Filmkamera aufgezeichneten Bilder bzw. der pro Sekunde gesendeten Bilder in Film oder Fernsehen.

Billet (das, -s, -s) Eintrittskarte, Fahrkarte; Mitteilungszettel [frz.]

Biluxlampe (die, -, -n) Glühbirne mit zwei Glühfäden; als Fern- und Abblendlicht beim Auto verwendet [gr.-lat.-frz.]

binär aus zwei Einheiten bestehend [lat.]

> ℹ️ **bio-** aus dem Griechischen stammende Vorsilbe, die eine Verbindung zu organischem Leben ausdrückt

Biochemie (die, -, nur Ez.) Chemie der Vorgänge in lebenden Systemen [gr.-arab.-roman.]

Bioenergetik (die, -, nur Ez.) Wissenschaft, die sich mit der Gewinnung und Umsetzung von Energie im Körper beschäftigt [gr.]

Biografie auch: Biographie (die, -, -n) Lebensbeschreibung [gr.-nlat.]

Biolyse (die, -, nur Ez.) Abbau organischer Substanzen durch Organismen [gr.-nlat.]

Biomasse (die, -, -n) die Gesamtheit aller lebenden und toten Organismen und ihre organische Substanz [gr.-dt.]

Biomechanik (die, -, nur Ez.) Wissenschaft, die sich mit mechanischen Vorgängen in Organismen befasst [gr.]

Biont (der, -en, -en) Lebewesen [gr.-nlat.]

biotisch auf Leben oder Lebewesen bezogen [gr.]

Biotop (das, -s, -e) Lebensraum bestimmter Tier- und Pflanzenarten [gr.-nlat.]

bipolar mit zwei entgegengesetzten Polen [gr.-lat.]

bisexuell gleichzeitige Neigung zu hetero- und homosexuellen Beziehungen, d. h. zu Partnern des anderen und des eigenen Geschlechts [gr.-nlat.]

Bit (das, -s, -s) Kunstwort aus *binary digit*. In der Datenverarbeitung ist das die kleinste Einheit für den Informationsgehalt einer Nachricht [engl.]

Bitmap (die, -, -s) Datenformat in der EDV, um eine aus Pixeln bestehende Grafik direkt im Arbeitsspeicher abzubilden [engl.]

bizarr sonderbar, wunderlich [it.-frz.]

Blackout auch: Black-out (der, -s, -s) plötzlicher Stromausfall in einer Stadt; allgemein plötzlicher Funktionsausfall, plötzliches Versagen (in der Regel des Gedächtnisses) [engl.]

Blamage (die, -, -n) Beschämung, Bloßstellung [gr.-lat.-frz.]

blanko leer, nicht vollständig ausgefüllt; unausgefüllt, aber bereits unterschrieben [germ.-it.]

Blankovollmacht (die, -, -en) unbeschränkte Vollmacht [germ.-it.-dt.]

Blasphemie (die, -, -n) Gotteslästerung [gr.-lat.]

Blessur (die, -, -en) Verletzung, Verwundung [frz.]

Blind Date (das, - s, -s) Verabredung mit einer Person, die man nicht kennt [engl.]

Blockbuster (der, -s, -) überaus erfolgreicher Film [engl.]

Bluechip auch: Blue Chip (der, -s, -s) sicheres und kursstarkes Wertpapier an der Börse [engl.]

Blues (der, -, -) Form des Jazz, die aus Volksliedern der schwarzen Bevölkerung der USA entstanden ist [engl.]

Bluff (der, -s, -s) Täuschung [engl.]

Board (das, -s, -s) Führungsebene eines Konzerns [engl.]

Bohème (die, -, nur Ez.) Künstlermilieu außerhalb der bürgerlichen Gesellschaft [frz.]

Bolustod (der, -(e)s, nur Ez.) Ersticken an einem verschluckten Gegenstand [gr.-nlat.-dt.]

bombastisch sehr viel Aufwand treibend, schwülstig [pers.-gr.-lat.-frz.-engl.]

Bondsrate (die, -, -n) Kapitalmarktzins [engl.-dt.]

Bonität (die, -, -en) 1. Zahlungsfähigkeit, Kreditwürdigkeit 2. Güte (des Bodens, einer Ware) [lat.]

Bonsai (der, -s, -s) künstlich klein gehaltener japanischer Zwergbaum [jap.]

Bonvivant (der, -s, -s) Lebemann [lat.-frz.]

Bookmark (das, -s, -s) elektronisches Lesezeichen, gespeicherte Webseite [engl.]

Boom (der, -s, -s) plötzlicher Anstieg der Nachfrage, der zu einem kurzfristigen wirtschaftlichen Aufschwung führt [engl.]

i Als **Boomtown** bezeichnet man eine Stadt, die sich wirtschaftlich extrem im Aufschwung befindet und floriert.

booten einen Computer neu starten [engl.]
Bordcomputer (der, -s, -) Datenverarbeitungsanlagen z. B. in Flugzeugen, Raumschiffen oder in bestimmten Fahrzeugen [dt.-engl.]
borniert engstirnig [frz.]
Botanik (die, -, nur Ez.) Pflanzenkunde [gr.-nlat.]
Boulevard (der, -s, -s) breite Prachtstraße [frz.]
Boutique (die, -, -n) kleiner exklusiver Kleiderladen [frz.]
Boykott (der, -s, -s) 1. Nichtbeachtung 2. wirtschaftliche Zwangsmaßnahme [engl.]

i Man spricht z. B. auch von einem **Boykott**, wenn ein Staat den Handel mit einem anderen Land einstellt, um es unter Druck zu setzen.

Brainstorming (das, -s, -s) Stoffsammlung aus Spontaneinfällen (zur Lösung eines Problems) [engl.]
Branche (die, -, -n) Geschäfts-, Wirtschaftszweig [lat.-frz.]
Bravour auch: Bravur (die, -, nur Ez.) meisterhaftes Können [gr.-lat.-it.-frz.]
Break (der, -s, -s) Unterbrechung [engl.]

i Im Sport meint man mit einem **Break** einen unerwarteten, durchschlagenden Erfolg aus der Verteidigung heraus. Im Tennis ist es der Gewinn eines Punktes bei gegnerischem Aufschlag. In der Musik meint man damit u. a. eine Form des Arrangements.

Bredouille (die, -, nur Ez.) Patsche, Verlegenheit [frz.]

Briefing (das, -s, -s) kurze Absprache oder Zwischenbesprechung [engl.]

> **i** In der Werbung versteht man unter **Briefing** die Information des Auftraggebers über die Werbeidee.

brisant voller Sprengkraft, spannungsgeladen [frz.]

Broker (der, -s, -) Makler [engl.]

Browser (der, -s, nur Ez.) EDV-Programm zum Zugriff auf das World Wide Web im Internet [engl.]

Brunch (der, -(e)s, -(e)s u. -e) Mischung von *Breakfast* und *Lunch*; reichhaltiges Frühstück, das das Mittagessen ersetzt [engl.]

brutto gesamt gerechnet, d. h. mit Verpackung oder Steuern [lat.-it.]

Bruttosozialprodukt (das, -(e)s, -e) der Wert, der in einem Land während eines Jahres an Gütern und Dienstleistungen erzeugt wird [lat.-it.]

Bruxismus (der, -, nur Ez.) Zähneknirschen im Schlaf [gr.]

BSE Abkürzung für *bovine spongiforme encephalopathie*: tödlich verlaufende Rinderseuche, auch als *Rinderwahnsinn* bekannt [engl.]

Budget (das, -s, -s) verfügbare Geldmittel [frz.-engl.]

Bulimie (die, -, nur Ez.) gestörtes Essverhalten, wobei Heißhungeranfälle und gewolltes Erbrechen einander abwechseln [gr.]

Bulletin (das, -s, -s) Tagesbericht, Zeitschriftentitel [lat.-frz.]

Bürokratie (die, -, -n) Beamtenapparat [frz.]

Business (das, -, nur Ez.) Geschäft, einträglicher Geschäftsabschluss oder Geschäft mit absehbarem Gewinn [engl.]

Buy-out auch: Buyout (der, -s, -s) in der Wirtschaft Kurzwort für Aufkauf [engl.]

Bypass (der, -es oder -, -pässe) Umleitung einer verstopften Blutbahn am Herzen [engl.]

Byte (das, -s, -s) in der EDV Maßeinheit für Informationsmenge und Speicherkapazität. Ein Byte besteht aus acht Bit. [engl.]

C

Cache (das, -s, -s) zw. Arbeitsspeicher u. Mikroprozessor geschaltete Speichereinheit beim Computer [frz.-engl.]

CAD (das, -, nur Ez.) Abkürzung für *computer-aided Design*: computerunterstütztes Konstruieren [engl.]

Caldera (die, -, -re) Vulkankrater, durch Einsturz oder Explosion [span.]

Callcenter auch: Call-Center (das, -s, -) Telefonabteilung eines Unternehmens, das für Kundenberatung und Verkauf zuständig ist [engl.]

Callgirl (das, -s, -s) Prostituierte, die Verabredungen mit ihren Kunden über das Telefon trifft [engl.]

Camcorder (der, -s, -) Videokamera, die gleichzeitig als Abspielgerät geeignet ist [engl.]

Camouflage (die, -, -n) Tarnung [it.-frz.]

Campus (der, -, nur Ez.) Hochschulgelände [lat.-engl.-amerik.]

cand. Abkürzung für *candidatus*: Kandidat [lat.]

CANNABIS

Cannabis (der, -, -) Hanf, der Grundstoff für Haschisch [gr.]

Carillon (das, -(e)s, -s) Glockenspiel [lat.-frz.]

Carjacking auch: Car-Jacking (das, -s, -s) Autodiebstahl unter Gewaltanwendung gegenüber dem Fahrer [engl.]

Carsharing auch: Car-Sharing (das, -s, nur Ez.) Initiative, bei der mehrere Personen zusammen ein Auto nutzen [engl.]

Carte blanche (die, - -, -s -s) unbeschränkte Vollmacht [frz.]

Cartoon (der, -(s), -s) Karikatur, satirische Geschichte in Bildern [frz.-engl.]

Cash (das, -s, nur Ez.) Bargeld [tamil.-engl.]

> In **Cash-and-Carry-(C&C-)Märkten** muss die Ware vom Käufer sofort bar bezahlt und mitgenommen werden.

Cashflow (der, -, nur Ez.) Überschuss (eines Unternehmens), Reingewinn und Abschreibungen [engl.]

Cast (das, -s, -s) Mitwirkende, Filmtruppe [engl.]

Casting (das, -s, -s) das Auswählen von Schauspielern für Film und Fernsehen [engl.]

Casualwear auch: Casual Wear (die, -, nur Ez.) legere Freizeitkleidung [engl.]

Catering (das, -s, nur Ez.) Lebensmittelversorgung, z. B. in Flugzeugen [lat.-it.-frz.-engl.]

Causa (die, -, -sae) Grund; Rechtsfall [lat.]

CC Abkürzung für *Corps Consulaire*: konsularisches Korps [lat.-frz.]

CD Abkürzung für *Compact Disc* [engl.]

CD-ROM Abkürzung für *compact disc read only memory*: Speichereinheit für Computerprogramme [engl.]

Cellula (die, -, -lae) kleine Körperzelle [lat.]

ℹ️ **Ch-** Beginnt ein Wort mit *Ch*, so handelt es sich dabei um einen Begriff, der ursprünglich aus einer fremden Sprache stammt.

Chairman (der, -, -men) Vorsitzender eines (parlamentarischen) Ausschusses [engl.]

Chalet (das, -s, -s) schweizerische Ferienhütte, Landhaus [frz.]

Chance (die, -, -n) günstige Gelegenheit, Erfolgsaussicht [lat.]

Change (der oder die, -, nur Ez.) Wechsel [frz.-engl.]

Chanson (das, -s, -s) Lied mit anspruchsvollen, witzigen bzw. kritischen Texten [lat.-frz.]

Chaos (das, -, nur Ez.) völliges Durcheinander [gr.-lat.]

Charakter (der, -s, -tere) 1. Wesensart 2. (nur Ez.) Standhaftigkeit [gr.]

Charakteristikum (das, -s, -ka) besonderes Kennzeichen [gr.]

Charisma (das, -s, -mata oder -men) besondere Ausstrahlung einer Persönlichkeit, z. B. eines Politikers oder Stars [gr.]

Charité (die, -, -s) Krankenhaus [lat.-frz.]

Charme auch: Scharm (der, -s, nur Ez.) gewinnender, besonders sympathischer Charakter [lat.-frz.]

Charta (die, -, -s) Verfassungsurkunde [lat.]

Charts (nur Mz.) Hitliste [engl.]

Château auch: Chateau (das, -s, -s) Herrenhaus, Gut [lat.-frz.]

Chatten (das, -s, nur Ez.) direktes Kommunizieren im Internet [engl.]

CHAUVINISMUS

ℹ **Chatrooms** auch: Chat-Rooms sind extra angelegte Orte im Internet zum „Plaudern".

Chauvinismus (der, -, -men) übersteigerter, blinder Patriotismus [frz.-nlat.]

ℹ Ein **Chauvi(nist)** hat eine Art Männlichkeitswahn und sieht dementsprechend abwertend auf Frauen herab.

Check-in (das, -s, -s) Abfertigung vor Abflug am Flughafen [engl.]

Check-out (das, -s, -s) Abfertigung nach der Landung [engl.]

Check-up (der, -s, -s) vorsorgliche Untersuchung [engl.]

Chefideologe (der, -n, -n) maßgeblicher Theoretiker einer politischen Richtung [lat.-frz.]

Chemotherapeutikum (das, -s, -ka) chemisches Arzneimittel, das zur Wachstumshemmung bei Krankheitserregern führt [arab.-gr.-nlat.]

Chemotherapie (die, -, -n) Behandlung einer Krankheit mit chemischen Mitteln [arab.-gr.-nlat.]

Chiffre (die, -, -n) Geheimschrift, aber auch die Kennnummer einer Zeitungsanzeige [arab.-frz.]

Chili (der, -s, -s) roter südamerikanischer Pfeffer; scharfes Gericht mit viel rotem Pfeffer [indian.]

Chip (das, -s, -s) Silicium-Plättchen, auf das ein integrierter Schaltkreis, wie man ihn in der Mikroelektronik verwendet, aufgedampft wird [engl.]

Chipkarte (die, -, -n) Plastikkarte mit Mikrochip, mit der man bargeldlos zahlen kann [engl.-dt.]

CITY C

Chiropraktik (die, -, nur Ez.) Wirbelsäulenheilbehandlung mit den Händen [gr.]

Choreografie auch: Choreographie (die, -, -n) künstlerische Gestaltung der Bewegungsabläufe eines Balletts [gr.- lat.]

chromatisch in der Musik: in Halbtönen fortschreitend [gr.-lat.]

Chromatometer (das, -s, -) Messgerät, das die Grundfarben einer Farbmischung bestimmt [gr.-lat.]

Chromatopsie auch: Chromopsie (die, -, nur Ez.) Sehstörung [gr.-lat.]

Chromosphäre (die, -, nur Ez.) obere Gasschicht um die Sonne [gr.-lat.]

i **chron-** aus dem Griechischen stammende Vorsilbe. Sie kann mit *Zeit* übersetzt und zur Bildung von Substantiven oder Adjektiven verwendet werden.

Chronik (die, -, -en) zeitlich genaue Aufzeichnung geschichtlicher Ereignisse [gr.]

chronisch hartnäckig, bei Krankheiten auch: langwierig [gr.]

chronologisch nach dem Zeitablauf geordnet [gr.]

CIA (der, -, nur Ez.) *Central Intelligence Agency*: der amerikanische Geheimdienst [engl.]

Cineast (der, -en, -en) Filmfreund; Filmschaffender [it.]

Circulus vitiosus (der, - -, -li -si) Teufelskreis; auch Zirkelschluss, bei dem das zu Beweisende bereits in der Voraussetzung enthalten ist [lat.]

Citoyen (der, -s, -s) Staatsbürger [lat.-frz.]

City (die, -, -s) Geschäftsviertel, Innenstadt [engl.]

41

Deutsche Fremdwortgeschichte in aller Kürze

Antike bis Mittelalter

In germanischer Zeit bis zum Entstehen des Althochdeutschen, das heißt in der Antike und bis kurz nach der Spätantike, finden zahlreiche Entlehnungen aus dem Lateinischen statt. An der Grenze von germanischem Gebiet und Römischen Reich lebt eine germanisch-römische Mischgesellschaft in deren Klima diese Entlehnungen stattfinden. Die Begriffe dringen vor der zweiten Lautverschiebung in die deutsche Sprache ein, werden von ihr erfasst und umgeformt (lateinisch: tegula, neuhochdeutsch: Ziegel, lateinisch: fenestra, neuhochdeutsch Fenster). Im Laufe der Christianisierung durch angelsächsische und irische Mönche dringen weitere lateinische Begriffe aus dem kirchlichen und klösterlichen Bereich (Schriftwesen, Volksbildung, Obst- und Gartenbau) in das Deutsche vor.
Im Hochmittelalter, zur Zeit der höfischen Ritterkultur, entlehnen der deutsche Adel und das deutsche Rittertum zahlreiche Begriffe der ritterlichen Kultur aus dem Französischen (neuhochdeutsch: Lanze, Abenteuer, Preis, tanzen, Turnier).
Zur Zeit der Medici werden kaufmännische Ausdrücke aus dem Italienischen entlehnt: Konto, Saldo. Das Italienische prägt auch Kunst (Torso, Fresko) und Musik (forte, andante).
Die Wiederentdeckung der antiken Schriften in der deutschen Renaissance bedingt zahlreiche Entlehnungen aus dem Latei-

nischen im Zeitalter des Humanismus ab dem 15. Jahrhundert. Diese Begriffe haben oft wissenschaftliche, philosophische oder abstrakte Bedeutungen (Professor, Sekunde, Addition).

Barock/Absolutismus/Aufklärung

Während der kulturellen sowie politischen Vorherrschaft Frankreichs im 17. und 18. Jahrhundert wächst der Einfluss des Französischen auf das Deutsche. Französisch ist in Deutschland die Sprache der Politik und der Kultur. In dieser Zeit entstehen die ersten Bestrebungen zur Reinhaltung der deutschen Sprache. Diese versuchen, französischen Fremdwörtern neue deutsche Begriffe entgegenzusetzen – oft mit Erfolg:
Abstand (Distanz), Anschrift (Adresse), Augenblick (Moment), Bücherei (Bibliothek), Gesichtskreis (Horizont), Leidenschaft (Passion), Mundart (Dialekt), Rechtschreibung (Orthografie), altertümlich (antik), herkömmlich (konventionell), Erdgeschoss (Parterre), Lehrgang (Kursus), Stelldichein (Rendezvous), tatsächlich (faktisch), Voraussage (Prophezeiung), Wust (Chaos).

Neuzeit

Bis heute sind die meisten deutschen Fremdwörter französischen Ursprungs. Allerdings ist seit etwa 1900 der Zustrom aus dem Französischen versiegt, inzwischen hat das Englische die Stelle des Französischen als Hauptfremdwortlieferant des Deutschen eingenommen.

C CITYCALL

Citycall (der, -s, -s) Tonruf für kürzere Entfernungen [engl.]

Clan (der, -s, -s) durch gemeinsame Interessen oder Verwandtschaft verbundene Gruppe [engl.]

clean nicht mehr drogenabhängig [engl.]

clever geschickt, gerissen [engl.]

Clip (der, -s, -s) 1. Ohrschmuck mit Druckklemme 2. Kurzfom von *Videoclip* [engl.]

Clique (die, -, -n) Freundeskreis [frz.]

Close-up (das, -s, -s) Nahaufnahme im Film [engl.]

Clou (der, -s, -s) der Höhepunkt einer Sache; Glanznummer [frz.]

Coach (der, -(s), -s) Trainer oder Betreuer einer Sportmannschaft [engl.]

Cockpit (das, -(s), -s) Pilotenkanzel [engl.]

Code auch: Kode (der, -s, -s) Zeichensystem für Nachrichtenübermittlung [engl.]

Collage (die, -, -n) aus verschiedenen Materialien zusammengesetzte Sache, z. B. ein Klebebild [frz.]

College (das, -(s), -s) Anfang der Hochschulausbildung in den USA [lat.-engl.]

Collier (das, -s, -s) wertvoller Halsschmuck [frz.]

Comicstrip (der, -s, -s) Bildgeschichte mit Sprechblasen [engl.]

Coming-out auch: Comingout (das, -, nur Ez.) öffentliches Bekennen zu einer homosexuellen Neigung [engl.]

Common Sense auch: Commonsense (der, -, nur Ez.) gesunder Menschenverstand [engl.]

Commonwealth (das, -, nur Ez.) Gemeinschaft der Staaten des ehemaligen britischen Weltreichs [engl.]

Computer (der, -s, -) programmgesteuerte elektronische Rechenanlage [lat.-engl.]

Computeranimation (die, -, -en) durch Computergrafik geschaffene bewegte Bilder

Computerdiagnostik (die, -, nur Ez.) Krankheitsdiagnostik, die mithilfe von Computern arbeitet

Computersimulation (die, -, -en) Durchführung von Tests im Computer statt i. d. Realität

Computertomografie auch: -graphie (die, -, -en) medizinisches Röntgenverfahren, bei dem der Computer die Messergebnisse verarbeitet und die Dichteverhältnisse der untersuchten Schichten errechnet

Computervirus (der, -, -ren) illegal übermitteltes Computerprogramm, das andere Programme manipuliert oder zerstört

Conditio sine qua non eine notwendige und unerlässliche Voraussetzung [lat.]

Consensus (der, -, -) die Übereinstimmung [lat.]

Consulting (das, -s, -s) Beratung, Beratungstätigkeit [engl.]

Containment (das, -s, -s) 1. Betonumhüllung für Kernreaktoren 2. Politik der Beschwichtigung [engl.]

Contenance (die, -, nur Ez.) Fassung, das Ansichhaltenkönnen [frz.]

Contest (der, -(e)s, -s und -e) Wettbewerb [engl.]

Controlling (das, -s, nur Ez.) Planungs- und Kontrollfunktion bei großen Unternehmen [engl.]

Converter (der, -s, -) Frequenztrafo oder Gleichspannungswandler [lat.-frz.-engl.]

Cookie (das, -s, -s) kleine Protokolleinheiten, die von Internetprovidern auf der Festplatte eines Benutzers instal-

COOL-DOWN

liert werden, um dessen Surfgewohnheiten auszuforschen [engl.]

Cool-down (das, -, nur Ez.) Abkühlen bzw. Regenerationsphase [engl.]

Cop (der, -s, -s) Kurzbezeichnung für einen amerikanischen Polizisten [engl.]

Copyright (das, -s, -s) Urheberrecht [engl.]

Corporate Identity (die, -, nur Ez.) einheitliches, unverwechselbares Erscheinungsbild eines Unternehmens [engl.]

Corpus Delicti (das, - -, -pora -) Beweisstück für eine Straftat [lat.]

Cortison (das, -s, nur Ez.) Nebennierenrindenhormon [lat.-gr.]

Cottage (das, -, -s) Landhaus [engl.]

Couleur (die, -, nur Ez.) 1. Farbe 2. Gesinnung [frz.]

Countdown auch: Count-down (der, -s, -s) Herunterzählen der Zeit bis zum Startkommando [engl.]

> ℹ️ Im übertragenen Sinn sind mit **Countdown** auch die letzten technischen Vorbereitungen für ein Unternehmen gemeint.

Counter (der, -s, -) Abfertigungsschalter [engl.]

Countertenor (der, -s, -öre) hoher Tenor [engl.-lat.-it.]

Coup (der, -s, -s) überraschend durchgeführtes Unternehmen; Kunstgriff [frz.]

Coupé (das, -s, -s) 1. Eisenbahnabteil 2. geschlossenes sportliches Auto [frz.]

Coupon (der, -s, -s) abtrennbarer Abschnitt (als Gutschein); Zinsschein [frz.]

Courage (die, -, nur Ez.) Beherztheit, Mut [frz.]

Courtage (die, -, -n) Maklergebühr bei Börsengeschäften [frz.]

Cover (das, -s, -(s)) 1. (Zeitungs-)Titelblatt 2. Hülle von Büchern und Tonträgern [engl.]

Covergirl (das, -s, -s) Bild einer attraktiven Frau auf der Titelseite eines Magazins [engl.]

Coverstory (die, -, -s) Titelgeschichte bei Magazinen [engl.]

CPU Abkürzung für *central processor unit*: zentraler Rechenbaustein eines Computers [engl.]

Crack (das, -, nur Ez.) Rauschmittel, das aus Kokain „gebacken" wird [engl.]

Crash (der, -s, -s) Zusammenstoß [engl.]

Crashkid (das, -s, -s) Jugendlicher, der Autos stiehlt, um sie zu Schrott zu fahren [engl.]

Crashkurs (der, -es, -e) Schnellkurs [engl.]

Crew (die, -, -s) Mannschaft, Besatzung [engl.]

Cross-over auch: Crossover (das, -, nur Ez.) Vermischung verschiedener Musikstile [engl.]

Cruise-Missile auch: Cruisemissile (die, -, -s) unbemannte Rakete, Marschflugkörper [engl.]

Cunnilingus (der, -, nur Ez.) sexuelle Reizung des weiblichen Geschlechtsorgans mit der Zunge [lat.]

Curriculum Vitae (das, -, nur Ez.) Lebenslauf [lat.]

Cursor (der, -s, -) bewegliches Zeichen auf dem Computerbildschirm [lat.-engl.]

Cutter (der, -s, -) Schnittmeister bei der Produktion von Filmen und Tonbandaufnahmen [engl.]

Cybersex (der, -, nur Ez.) im virtuellen Raum vollzogene sexuelle Handlung [engl.]

Cyberspace (der, -, nur Ez.) eine nur in einem EDV-System existierende Welt, die mithilfe von elektronischen Mitteln wie Datenhandschuhen oder -brillen erlebt werden kann [engl.]

D

d'accord einig, übereinstimmend [frz.]

Dakapo auch: Dacapo (das, -s, -s) Wiederholung (in der Musik) [lat.- it.]

Damoklesschwert (das, -(e)s, nur Ez.) stets drohende Gefahr [gr.]

Dämon (der, -s, -en) böser Geist [gr.]

Dandy (der, -s, -s) junger Mann, der zu viel Wert auf Mode legt, sich übertrieben modisch kleidet [engl.]

Darwinismus (der, -, nur Ez.) die Lehre Charles Darwins von der stammesgeschichtlichen Entwicklung durch natürliche Auslese [engl.-nlat.]

DAT Abk. für *digital audio tape*: Digitaltonband [engl.]

Date (das, -s, -s) Verabredung [engl.]

Datei (die, -, -en) Datensammlung [lat.]

Datenbank (die, -, -en) zentrale Speicherung von Datenbeständen, die mittels EDV zugänglich gemacht werden [lat.]

Datenhighway (der, -s, -s) hoch entwickeltes Kabelnetz zur schnellen Übertragung von großen Datenmengen im Computer- und Telefonwesen [lat.-engl.]

Datenkomprimierung (die, -, -en) Veränderung von Datenmengen zur Reduzierung des Speicherplatzes [lat.]

Datenpool (der, -s, -s) Datenbasis in einer Datenbank [lat.-engl.]

Datenträger (der, -s, -) Speichermittel für maschinell lesbare Daten

Datentransfer (der, -s, -s) Übermittlung von Daten zwischen verschiedenen Datenverarbeitungsanlagen

de facto tatsächlich [lat.]

ℹ️ **de-** aus dem Lateinischen stammende Vorsilbe, die unterschiedliche Bedeutungen haben kann. Meist entspricht sie den deutschen Vorsilben *ab-*, *ent-*, *über-*, *ver-*, so z. B. in den Wörtern *Decoder*, *Defizit* oder *Dementi*.

Deadline (die, -, -s) äußerster Termin für das Ende einer Frist [lat.]

deaktivieren ausschalten, abschalten [lat.]

Deal (der, -s, -s) Handel [engl.]

Dealer (der, -s, -) Rauschgifthändler [engl.]

Debakel (das, -s, -) schwere Niederlage, Zusammenbruch [frz.]

debil leicht schwachsinnig [lat.]

Debüt (das, -s, -s) erstes öffentliches Auftreten [frz.]

dechiffrieren eine Nachricht entschlüsseln [frz.]

Decoder (der, -s, -) Gerät zum Umsetzen und technischen Entschlüsseln von Daten, wie es z. B. beim Kabel- und Satellitenfernsehen oder bei Videotext benötigt wird [engl.]

Deduktion (die, -, -en) Ableitung des Besonderen vom Allgemeinen; logischer Schluss auf eine Aussage anhand anderer Aussagen [lat.]

defäkieren Kot ausscheiden [lat.]

Defatigation (die, -, -en) Ermüdung, Überanstrengung [lat.]

Defensive (die, -, -n) Verteidigung, zurückweichende Haltung [lat.]

definitiv endgültig, bestimmt [lat.]

Defizit (das, -s, -e) Fehlbetrag, Minusbetrag [lat.]
Deflation (die, -, -en) eine künstliche Verminderung des Geldes, das sich im Umlauf befindet [lat.]

ℹ️ Im Zuge einer **Deflation** steigt der Geldwert und die Preise sinken. Eine weitere Folge ist die steigende Arbeitslosigkeit.

deflationieren den Geldumlauf senken [lat.]
Defloration (die, -, -en) Entjungferung [lat.]
deformieren verunstalten, verformen [lat.]
Degeneration (die, -, -en) 1. Verlust positiver Eigenschaften, Niedergang 2. Rückbildung [lat.]
degradieren einen Menschen in seiner Würde oder in seinem Rang herabsetzen, herabwürdigen [lat.]

degressiv herabsetzend, abnehmend (von Kosten), sich stufenweise vermindernd [lat.]
Degustation (die, -, -en) Kostprobe [lat.]
dehydrieren Wasser abspalten [lat.-gr.]
Déjà-vu (das, -(s), -s) Erinnerungstäuschung, bei der man glaubt, Gegenwärtiges schon früher erlebt zu haben [frz.]
Dekade (die, -, -n) Jahrzehnt [gr.]
dekadent überfeinert und schwächlich [lat.]
Dekadenz (die, -, -en) Niedergang einer Kultur, leere Überfeinerung in der Kunst [lat.]
Deklaration (die, -, -en) grundlegende Erklärung [lat.]

ℹ️ Beim Zoll muss man steuerpflichtige Einfuhren **deklarieren** (d. h. melden).

deklarativ klarstellend, beweisend [lat.]

DEMAGOGIE D

deklassieren niedriger einstufen, herabsetzen; überlegen besiegen [frz.]

deklinieren Substantive, Adjektive, Pronomen und Numeralia in unterschiedliche Formen bringen, beugen [lat.]

dekodieren entschlüsseln [frz.]

dekomprimieren den Druck vermindern [lat.]

ℹ️ Eine **Dekompressionskammer** ist ein geschlossener Raum, in dem der Körper langsam von einem Überdruck entlastet werden kann, insbesondere wichtig nach Tauchunfällen.

Dekontamination (die, -, -en) Entgiftung bei radioaktiver, biologischer oder chemischer Verseuchung von Objekten [lat.]

Dekor (der, -s, -s) Verzierung, Ausschmückung [lat.-frz.]

Delay (die, -, nur Ez.) 1. Verzögerung 2. in der Audio- und Videotechnik: Echo [engl.]

Deliberativstimme (die, -, -n) nicht stimmberechtigte, beratende Stimme [lat.]

delikat 1. heikel 2. lecker [frz.]

Delikatesse (die, -, -n) Leckerbissen, Köstlichkeit [frz.]

Delikt (das, -(e)s, -e) ungesetzliche Handlung; Straftat [lat.]

Delinquent (der, -en, -en) Straftäter [lat.]

Delirium (das, -s, -rien) Bewusstseinsveränderung mit Wahnideen [lat.]

ℹ️ Das **Delirium** tritt oft bei Alkoholentzug auf.

Demagogie (die, -, -n) Volksverführung durch politische Hetze [gr.]

D DEMARKATIONSLINIE

> Der **Demagoge** bedient sich des Appells an Gefühle und niedere Instinkte.

Demarkationslinie (die, -, -n) vereinbarte, vorläufige Grenze von Gebieten, die in der Interessensphäre zweier Staaten liegen [frz.]
Dementi (das, -s, -s) Berichtigung, Widerruf [lat.]
dementieren öffentlich bestreiten, richtigstellen [lat.]
Demission (die, -, -en) Rücktritt oder Entlassung eines Regierungsmitglieds [frz.]
Demografie auch: Demographie (die, -, nur Ez.) Bevölkerungslehre, Erforschung der Bevölkerungsstruktur [gr.]

> **-kratie** Nachsilbe, die aus dem Griechischen stammt. Mit -kratie enden Substantive, die die Herrschaft einer bestimmten Gruppe bezeichnen.

Demokratie (die, -, -n) Staatsform der Volksherrschaft. Jeder Wahlberechtigte kann in freien und gleichberechtigten Wahlen seine Vertreter bestimmen, die in einer repräsentativen Demokratie die Herrschaft im Staat ausüben. [gr.]
demolieren absichtlich zerstören [frz.]
Demonstration (die, -, -en) Massenkundgebung [lat.]
Demontage (die, -, -n) Abbau, Zerlegung [frz.]
demoralisieren die Moral untergraben [frz.]
Demoskopie (die, -, -n) Meinungsforschung [gr.]
demotivieren jmds. Interesse an etwas schwächen [lat.]
Denotation (die, -, -en) Grundbedeutung eines Wortes [lat.]

DESIGNERDROGE

Dentologie (die, -, nur Ez.) Zahnheilkunde [lat.]

Dependenz (die, -, -en) Abhängigkeit [lat.]

Deportation (die, -, -en) zwangsweise Verbannung oder Verschickung [lat.-frz.]

Depot (das, -s, -s) Aufbewahrungsort, z. B. in der Bank Verwahrungsort für Wertpapiere [frz.]

Depotbehandlung (die, -, -en) Verabreichung von Medikamenten, die eine lange Wirkungsdauer haben [lat.-dt.]

Depression (die, -, -en) Niedergeschlagenheit, traurige Stimmung. In der Wirtschaft ist damit eine „Talfahrt" im Konjunkturverlauf gemeint. [lat.]

deprimieren entmutigen, niederdrücken [lat.]

Deprivationssyndrom (das, -s, -e) körperlicher sowie seelischer Entwicklungsrückstand bei Kindern, die die Mutter oder eine andere Bezugsperson entbehren müssen [lat.]

Deputat (das, -(e)s, -e) zugewiesener Anteil [lat.]

Derivat (das, -(e)s, -e) chemische Verbindung, die aus einer anderen entstanden ist [lat.]

Derivator (der, -s, -toren) Gerät zur Berechnung einer Tangente zu einer vorgezeichneten Kurve (Geometrie) [lat.]

dermatisch die Haut betreffend [gr.]

desensibilisieren die Empfindlichkeit herabsetzen (z. B. bei allergischen Erkrankungen) [nlat.]

Deserteur (der, -s, -e) Fahnenflüchtiger [frz.]

Design (das, -s, -s) Formgestaltung für industriell oder künstlerisch gefertigte Gegenstände [lat.-frz.-engl.]

Designerdroge (die, -, -n) synthetisches Rauschmittel

desillusionieren eine Illusion zerstören [lat.]

deskribieren beschreiben [lat.]

Desktop (der, -s, -s) Benutzeroberfläche von Computersoftware [engl.]

desolat trostlos, traurig [lat.]

Desorientierung (die, -, -en) Störung in der Empfindung von Zeit und Raum [lat.]

Desperado (der, -s, -s) ein Verzweifelter, der zu jeder Tat entschlossen ist [span.]

Dessous (nur Mz.) Damenunterwäsche [lat.-frz.]

Destination (die, -, -en) Zweckbestimmung [lat.]

Destruktion (die, -, -en) Zerstörung [lat.]

detailliert ausführlich, in allen Einzelheiten [frz.]

Détente (die, -, nur Ez.) politische Entspannung zwischen Staaten oder Blöcken (z. B. zwischen Ost und West) [frz.]

determinieren begrifflich einschränken, bestimmen [lat.]

Detonation (die, -, -en) heftige Explosion [lat.]

Detriment (das, -(e)s, -e) Schaden [lat.]

Deus (der, -, Dei) Gott [lat.]

Devastation (die, -, -en) Verwüstung eines Gebiets [lat.]

Devianz (die, -, nur Ez.) Abweichung von der Norm [lat.]

Devise (die, -, -n) Leitspruch [frz.]

Devisen (nur Mz.) ausländische Zahlungsmittel [lat.]

devot andächtig, ergeben [lat.]

dezent unaufdringlich [lat.]

Dezentralisation (die, -, -en) das Auseinanderlegen von Verwaltungen [lat.]

dezidiert entschieden [lat.]

Dezimalsystem (das, -s, -e) Zahlensystem mit der Grundzahl 10 [lat.-gr.]

dezimieren stark vermindern [lat.]

Dezisivstimme (die, -, -n) abstimmungsberechtigte Stimme [lat.]

ℹ️ **dia-** Diese aus dem Griechischen stammende Vorsilbe hat meist die Bedeutung *durch* oder *hindurch*, wird aber gelegentlich auch im Sinne von *wegen* verwendet.

Diabetes (der, -, nur Ez.) Zuckerkrankheit [gr.]

Diachronie (die, -, nur Ez.) Darstellung der Sprache in ihrer geschichtlichen Entwicklung (Sprachwissenschaft) [gr.-nlat.]

Diagnose (die, -, -n) Beurteilung eines Zustandes nach genauer Untersuchung [gr.]

Diagonale (die, -, -n) Gerade zur Verbindung zweier nicht benachbarter Ecken eines Vielecks [gr.]

Diakon (der, -s, -e) in der kath. Kirche Geistlicher, der einen Weihegrad unter dem Priester steht, in der ev. Kirche Angestellter mit seelsorgerischen Aufgaben [gr.]

Dialektik (die, -, nur Ez.) innere Gegensätzlichkeit [gr.-lat.]

ℹ️ In der Philosophie wird bei der **Dialektik** einer Behauptung – der These – eine Gegenbehauptung – die Antithese – gegenübergestellt. Daraufhin wird in der Synthese eine höhere Erkenntnis gesucht.

Dialog (der, -s, -e) abwechselnde Rede zweier Personen, Zwiegespräch [gr.-lat.-frz.]

Dialyse (die, -, -n) 1. ein Trennverfahren, das verschieden große Moleküle durch eine

DIAMETER

Scheidewand sondert 2. Blutwäsche [gr.]

Diameter (der, -s, -) Durchmesser [gr.]

Diaspora (die, -, nur Ez.) 1. religiöse o. nationale Minderheit innerhalb einer andersartigen Umgebung (z. B. die Juden im antiken Mittelmeerraum) 2. das Gebiet selbst [gr.]

Diätetik (die, -, nur Ez.) Ernährungslehre [gr.-lat.-nlat.]

Diätetikum (das, -s, -ka) für eine Diät geeignetes Lebensmittel [gr.-lat.]

diatonisch in der Tonfolge einer Dur- oder Molltonleiter folgend [gr.-lat.]

Diatribe (die, -, -n) Schmähschrift, Abhandlung [gr.-lat.]

Dichotomie (die, -, -n) gabelartige Verzweigung; in der Philosophie Teilung nach Gesichtspunkten [gr.]

Didaktik (die, -, nur Ez.) Unterrichtslehre [gr.-nlat.]

Diffamierung (die, -, -en) üble Nachrede, Herabsetzung, Verleumdung [lat.]

Differenzialrechnung auch: Differentialrechnung (die, -, -en) Teilgebiet der höheren Mathematik, das sich mit dem Übergang von endlichen zu unendlich kleinen Größen beschäftigt [lat.- dt.]

Differenz (die, -, -en) Unterschied [lat.]

Differenzierung (die, -, -en) Abstufung, Unterscheidung [lat.]

Digestif (der, -s, -s) alkoholisches Verdauungsgetränk nach dem Essen [lat.-frz.]

digital Daten und Informationen in Ziffern dargestellt [lat.]

i Ein **Digitalrechner** arbeitet nach dem Dualsystem. Bei der **Digitaltechnik** werden Zeigerausschläge von Messungen in

Ziffern umgesetzt, die der Digitalrechner weiterverarbeiten kann. Digitaluhren geben die Zeit nicht mit Zeigern, sondern mit Ziffern an.

Diglossie (die, -, -n) Zweisprachigkeit in einem Gebiet, wobei die eine Hoch-, die andere Umgangssprache ist [gr.]

Diktat (das, -(e)s, -e) 1. Vorsagen eines Textes, der nachgeschrieben werden muss, Nachschrift 2. etwas Aufgezwungenes, Befehl [lat.]

Diktatur (die, -, -en) Staatsform der uneingeschränkten Herrschaft einer Person oder Gruppe [lat.]

Diktion (die, -, -en) Ausdrucksweise, Schreibstil [lat.]

Dilution (die, -, -en) Verdünnung einer Flüssigkeit [lat.]

Dimension (die, -, -en) 1. Körperausdehnung, Richtungserstreckung 2. Bereich [lat.]

DIN (die, -, nur Ez.) Abkürzung für Deutsche Industrienorm, ein Normformat, z. B. für Papierseiten [dt.]

Dinner (das, -s, -) festliches Abendessen [engl.]

Diplom (das, -s, -e) ehrende Urkunde; akademische Urkunde oder Grad [gr.]

Diplomatie (die, -, nur Ez.) völkerrechtliche Regeln für außenpol. Verhandlungen [gr.]

Dipol (der, -s, -e) zwei gleich große elektrische Ladungen entgegengesetzten Vorzeichens oder zwei entgegengesetzte Magnetpole, die in geringem Abstand voneinander angebracht sind [gr.]

Direktive (die, -, -n) Anweisung, Befehl [frz.]

Direttissima (die, -, nur Ez.) Route, die ohne Umwege zu einem Ziel führt [it.]

DIRIGISMUS

Dirigismus (der, -, nur Ez.) staatliche Wirtschaftslenkung [lat.]

Diskont (der, -s, -e) der Zins, den Banken für sich abziehen, wenn sie einen noch nicht fälligen Wechsel aufkaufen [lat.]

> ℹ️ Die Höhe dieses Zinses, der **Diskontsatz**, wird von der Bundesbank festgelegt und ist eine Art Leitzins für andere Zinssätze.

diskreditieren in Verruf bringen [lat.]

diskret unauffällig, taktvoll [frz.]

Diskriminierung (die, -, -en) Benachteiligung durch unterschiedliche Behandlung [lat.]

Diskussion (die, -, -en) Meinungsaustausch [lat.]

Disparität (die, -, -en) Ungleichheit [lat.]

Dispatcher (der, -s, -) leitender Angestellter in einem großen Industriebetrieb, der die Produktionsfolgen koordiniert [engl.]

Dispenser (der, -s, -) verkaufsförderndes Hilfsmittel wie Warenständer, Verkaufsbox oder übergroße, leere Verpackungen [engl.]

Display (das, -s, -s) Bildschirm, der Daten optisch darstellt [engl.]

disponibel verfügbar [lat.-frz.]

Disposition (die, -, -en)
1. Wartestand, Verfügbarkeit (z. B. zur Disposition stehende Hilfskräfte)
2. Plan, Planung (z. B. die Disposition für einen Vortrag treffen)
3. Empfänglichkeit, Veranlagung (z. B. die Disposition für eine Krankheit) [lat.]

Dispositionskredit (der, -(e)s, -e) Überziehungskredit [lat.]

DOGMA

Disput (der, -(e)s, -e) Wortgefecht [lat.]
Dissertation (die, -, -en) Doktorarbeit [lat.]
Dissident (der, -en, -en) Andersdenkender, d. mit d. offiziellen politischen Meinung nicht übereinstimmt; auch: religiöser Abweichler [lat.]
Dissidenz (die, -, -en) Widerstands-, Oppositionshaltung [lat.]
Dissonanz (die, -, -en) 1. unharmonischer Zusammenklang von Tönen 2. Unstimmigkeit [lat.]
Distanz (die, -, -en) 1. Abstand, Entfernung 2. Zurückhaltung, Verständnisgrad 3. Wegstrecke [lat.]
Distribution (die, -, -en) Verteilung [lat.]
Distrikt (der, -(e)s, -e) Verwaltungsbezirk [lat.]
Disziplin (die, -, -en) 1. auferlegtes Verhalten, Zucht 2. Fachrichtung [lat.]

divergieren auseinanderstreben, abweichen [lat.]
divers verschieden [lat.]
Diversifikation (die, -, -en) Politik eines Unternehmens oder eines Landes, das seine Produktpalette ausweiten und neue Produkte einführen will, um nicht von starken Marktschwankungen eines einzigen Produkts völlig abhängig zu sein [lat.]
Dividende (die, -, -n) Gewinnanteil an einer Kapitalgesellschaft [lat.]
dividieren teilen [lat.]
DNA (die, -, nur Ez.) organische Verbindung in lebenden Zellen, die alle genetischen Informationen trägt [engl.]
Dock (das, -s, -s) Anlage zum Ausbessern von Schiffen [engl.]
Dogma (das, -s, -men) verbindlicher Glaubenssatz, z. B. in der kath. Kirche [gr.]

dogmatisch sich einer Ideologie unterordnend [gr.]
Doktrin (die, -, -en) 1. verbindlicher Lehrsatz 2. politisches Programm [lat.]
Dokument (das, -(e)s, -e) Urkunde [lat.]

ℹ️ Unter einem **Dokumentarfilm** versteht man einen Film, der versucht, Ereignisse und Begebenheiten möglichst so zu schildern, wie sie tatsächlich passiert sind. Im Gegensatz zum Spielfilm sind die einzelnen Szenen nicht „gestellt".

Dolby (das, -s, nur Ez.) elektronisches Rauschunterdrückungsverfahren [engl.-gr.]
Domain (die oder das, -(s), -s) Anbietersegment im Internet [frz.]
dominant vorherrschend [lat.]
dominieren beherrschen, bestimmen [lat.]
Domizil (das, -s, -e) Wohnsitz [lat.]
Dompteur (der, -s, -e) Tierbändiger [frz.]
Dope (das, -s, -s) Rauschgift [engl.]

ℹ️ Manche Sportler steigern ihre Leistung vorübergehend durch verbotenes **Doping** mit Anregungsmitteln.

Dosis (die, -, -sen) Arzneigabe, -menge; abgemessene, messbare Menge (einer Arznei, von Strahlung) [gr.]
dotieren mit einer bestimmten Geldsumme o. Ä. ausstatten [lat.]
Double (das, -s, -s) Doppelgänger als Ersatzmann des Schauspielers bei besonders gefährlichen Filmaufnahmen [frz.]
Dow-Jones-Index (der, -(es), nur Ez.) gemittelter Index aus

einem Aktienbündel ausgewählter Firmen (New Yorker Börse) [engl.]

downloaden Daten von einem zentralen Computer auf einen anderen Computer übertragen [engl.]

Dozent (der, -en, -en) Lehrbeauftragter an einer Hochschule [lat.]

dpi Abkürzung für *dots per inch*: Maßeinheit der Auflösung eines Bildschirmes oder Computerausdruckes [engl.]

drakonisch sehr streng, unnachsichtig [gr.]

Drama (das, -s, -men) 1. erschütterndes Geschehen 2. literarische Gattung, unter die sowohl Tragödie als auch Komödie gerechnet werden [gr.]

i Ein **Dramaturg** sucht Theaterstücke für eine Bühne aus und realisiert sie.

Drive (der, -s, nur Ez.) innerer Antrieb, Schwung [engl.]

Drive-in-Kino (das, -s, -s) Autokino [engl.]

Drive-in-Restaurant (das, -s, -s) Gaststätte, bei der man am Auto bedient wird [engl.]

Drop-out auch: Dropout (der, -s, -s) jmd., der aus einer sozialen Gruppe ausbricht, Aussteiger [engl.]

Drugstore (der, -s, -s) 1. Gemischtwarenladen und Schnellgaststätte (in den USA) 2. Drogerie [engl.]

Dualismus (der, -, nur Ez.) Gegensätzlichkeit, Zweiheit [lat.]

Dualsystem (das, -s, -e) Zahlensystem, das mit zwei Zahlen, „0" und „1", auskommt und sich deshalb für die elektronische Datenverarbeitung eignet. Alle Dezimalzahlen können ins Dualsystem umgerechnet werden. [lat.-gr.]

D DUKTUS

Duktus (der, -, nur Ez.) Linienführung, kennzeichnender Zug (einer Schrift, einer Künstlerhand) [lat.]

Dummy (der, -s, -s) Puppe für Unfalltests, Muster, Attrappe [lat.]

Dumping (das, -s, nur Ez.) Schleuderverkauf eines Exportartikels am ausländischen Markt [lat.]

Duplikat (das, -(e)s, -e) Abschrift, Doppel, Kopie [lat.]

Duty-free-Shop (der, -s, -s) Laden mit zollfreier Ware, z. B. auf Flughäfen [engl.]

DVD-Player (der, -s, -) Abk. für *digital versatile disc player*: Apparat zum Abspielen von Filmen auf DVD [engl.]

Dynamik (die, -, nur Ez.) Schwung, Bewegung [gr.]

Dynastie (die, -, -n) Herrschergeschlecht [gr.]

Dynamo (der, -s, -s) einfacher Generator (z. B. am Fahrrad) [gr.-engl.]

Dyskinesie (die, -, -n) Störung der Bewegungsfähigkeit, der Motorik [gr.]

Dysphasie (die, -, -n) Sprechstörung [gr.]

E

i **e-/ex-** Vorsilbe, die aus dem Lateinischen stammt und *aus* oder *heraus* bedeutet. Ursprünglich ist das lateinische Wort *ex* eine Präposition, als Vorsilbe kann es jedoch zur Bildung von Substantiven, Verben und Adjektiven verwendet werden.

E-Mail (die od. das, -, -s) Abkürzung für *electronic mail*: Elektronische Nachrichtenübermittlung via Internet [engl.]

EAN-Code (der, -s, -s) Abkürzung für *Europäischer Artikel-*

nummer-Code: ein computerlesbarer Strichcode auf Handelswaren

echauffieren sich aufregen, (sich) erhitzen [frz.]

Echo (das, -s, -s) Widerhall [gr.]

Economyclass (die, -, nur Ez.) billigste Beförderungsklasse im Flugzeug [engl.]

Ecstasy (das, -, nur Ez.) synthetisches Rauschmittel, Designerdroge [engl.]

Edition (die, -, -en) 1. die Herausgabe (von Büchern, Musikwerken) 2. das Werk selbst [lat.-frz.-engl.]

EDV (die, -, nur Ez.) Abkürzung für *Elektronische Datenverarbeitung*

Effekt (der, -(e)s, -e) Wirkung, Ergebnis [lat.]

Effekten (nur Mz.) Wertpapiere, die an der Börse gehandelt werden [lat.]

Effektivdosis (die, -, -dosen) der tatsächlich wirksame Anteil der zugeführten Menge eines Medikamentes oder Giftes [gr.-lat.]

Effizienz (die, -, -en) Wirksamkeit [lat.]

egalisieren 1. gleichmäßig machen (z. B. eine Holzfläche egalisieren) 2. einstellen (z. B. einen Rekord) [frz.]

Egalité (die, -, nur Ez.) Gleichheit (neben Liberté und Fraternité eines der drei Schlagworte der französischen Revolution) [frz.]

Ego (das, -s, -s) das Ich [lat.]

i **Ego** ist das lateinische Wort für *Ich*. Mit der Vorsilbe *ego-* können sowohl Substantive als auch Adjektive gebildet werden.

egoman krankhaft selbstbezogen [lat.]

egozentrisch alles auf die eigene Person beziehend, ichbezogen [lat.]

E EINCHECKEN

ℹ️ Mit **Egoismus** ist die Selbstsucht und Eigenliebe gemeint, während die **Egozentrik** ein Verhalten bezeichnet, bei dem alle Ereignisse nur in Bezug auf die eigene Person gewertet werden.

einchecken Personen oder Gepäck beim Abflug am Flughafen abfertigen [lat.]

ℹ️ Von **Eindeutschung** spricht man v. a. bei Fremdwörtern, die im Alltag häufig gebraucht werden. Hier wurde die Schreibweise im Laufe der Zeit meist „eingedeutscht", d. h. der deutschen Aussprache auch äußerlich angepasst. So werden z. B. Wörter, die eigentlich mit *c* beginnen, oft auch mit *k* oder *z* geschrieben. Auch ein Ph am Wortanfang wird heute meist vereinfacht als *F* geschrieben: *Foto* ersetzt *Photo* und *Fantasie* ersetzt *Phantasie*.

einloggen bestimmte Daten eingeben, um Verbindung zu einer Datenverarbeitungsanlage herzustellen [dt.-engl.]

einscannen mit dem Scanner einlesen [dt.-engl.]

Ejakulation (die, -, -en) Samenerguss [lat.]

EKG (das, -s, nur Ez.) Abkürzung für Elektrokardiogramm [gr.]

Eklat (der, -s, -s) Skandal, viel beachteter Vorfall [frz.]

Eklektizismus (der, -, nur Ez.) Nachahmen, Rückgriff auf die Stilmittel früherer Künstler, unschöpferisch [gr.-nlat.]

ekrü naturfarben, roh (von Stoffen) [frz.]

Ekstase (die, -, -n) Verzückung [gr.]

ELEMENTARTEILCHEN E

Ekzem (das, -s, -e) nicht ansteckende, juckende Hautentzündung [gr.]

elaboriert hoch entwickelt, ausgebildet [lat.]

Eldorado (das, -s, nur Ez.) „Goldland"; Gebiet, das ideale Voraussetzungen bietet, z. B. ein Baumarkt als *Eldorado* für einen Heimwerker [span.]

Elektroanalyse (die, -, nur Ez.) chemische Untersuchung durch Elektrolyse [gr.]

Elektroenzephalogramm (Abkürzung: EEG) (das, -s, -e) Gehirnstrommessung [gr.]

Elektrokardiogramm (Abkürzung: EKG) (das, -s, -e) Messung der Herztätigkeit [gr.]

Elektron (das, -s, -en) negativ geladenes elektrisches Elementarteilchen [gr.]

Elektronenstrahl (der, -s, -en) Strahl aus Elektronen, der sich in eine Richtung bewegt

Elektronik (die, -, nur Ez.) 1. technische Anwendung der Elektronen 2. elektronische Ausstattung [gr.]

Elektrotechnik (die, -, nur Ez.) Bereich der Technik, in dem es um die Erzeugung und Anwendung von Elektrizität geht [gr.]

Element (das, -(e)s, -e) Grundbestandteil [lat.]

i Die **vier klassischen Elemente** sind Feuer, Wasser, Luft und Erde. In der Chemie ist ein Element ein mit chemischen Mitteln nicht weiter zerlegbarer Stoff.

elementar grundlegend [lat.]

Elementarteilchen (nur Mz.) alle kleinsten, nachweisbaren, geladenen und ungeladenen Teilchen, aus denen Atome aufgebaut sind [lat.]

Fremdwort – Lehnwort – Erbwort

Es gilt zu unterscheiden zwischen den Begriffen Fremdwort, Lehnwort und Erbwort. Die folgende Tabelle gibt die klassischen Definitionen wieder:

Fremdwort	aus einer anderen Sprache unverändert übernommenes, in Aussprache, Schreibweise oder Flexion noch nicht angeglichenes Wort.
Lehnwort	der einheimischen Sprache in Lautung, Schreibung und Flexion angepasstes Fremdwort.
Erbwort	aus älteren Sprachstufen übernommenes Wort, das sich in verwandten Sprachen findet.

In der aktuellen Sprachwissenschaft ist die Verwendung dieser drei Begriffe unüblich geworden. Letztlich bezeichnen sie lediglich unterschiedliche Stufen eines fortlaufenden Prozesses. Dieser Prozess der Übernahme von Begriffen aus einer Gebersprache in eine Nehmersprache wird heute allgemein „Entlehnung" genannt. Da er stets fließend ist, hat sich eine strenge Begriffstrennung als sprachwissenschaftlich wenig sinnvoll und praktikabel erwiesen. Für den nichtwissenschaftlichen Gebrauch kann die „alte" Klassifizierung jedoch hilfreich sein. Ein Fremdwörterbuch soll schließlich dem Sprachbenutzer im Alltagsgebrauch Worterklärungen liefern. Obgleich also viele „Erbwörter" ihrem Ursprung nach Entlehnungen sind, findet man sie nicht (mehr) in Fremdwörterbüchern.

Deutsche Wörter in anderen Sprachen

Es wurden nicht nur Wörter aus anderen Sprachen ins Deutsche übernommen. Ebenso wurden deutsche Wörter an andere Sprachen weitergegeben und werden dort als Fremdwörter verwendet. Meist bezeichnen diese Wörter Sachverhalte, die in Deutschland ihren Ausgang nahmen und dann internationale Bedeutung erlangten. Da es in anderen Sprachen für diese Phänomene noch keine Begriffe gab, übernahm man den deutschen.

Im Englischen
angst
blitzkrieg
bratwurst
doppelgänger
ehrgeiz
fräuleinwunder
hinterland
kindergarten
nazi
poltergeist
sauerkraut
stillstand
übermensch
wunderkind
zeitgeist

Im Französischen
bunker
leitmotiv
waldsterben
weltanschauung

Im Spanischen
hinterland
kinder
kitsch
kuchen
leitmotiv
weltanschauung
zeitgeist
fuss, platz, sitz
(= Hundekommandos)

Im Russischen
Butterbrot
Eisberg
Glasur
Graf
Halstuch
Landschaft
Schlagbaum
Zeitnot
Zirkel
Zugzwang

Im Italienischen
Leitmotiv
Weltanschauung
Wurstel

eliminieren beseitigen, entfernen [frz.]

elitär auserlesen, einer Elite angehörend [frz.]

ℹ️ Die **Elite** ist die Führungsschicht der Besten.

Ellipse (die, -, -n) Kegelschnitt, geschlossene Kurve in Form eines zusammengedrückten Kreises [gr.]

eloquent beredsam, beredt [lat.]

Elution (die, -, -en) Herauslösen von adsorbierten Stoffen aus festen Trägersubstanzen [lat.]

Emanzipation (die, -, -en) Befreiung aus der Abhängigkeit [lat.]

ℹ️ Im engeren Sinn ist **Emanzipation** die rechtliche und gesellschaftliche Gleichstellung der Frau mit dem Mann.

Embargo (das, -s, -s) Beschlagnahme fremden Eigentums, staatliches Waren- und Kapitalausfuhrverbot [span.]

Emblem (das, -s, -e) Abzeichen; Sinnbild [gr.-frz.]

Embolie (die, -, -n) Verstopfung eines Blutgefäßes [gr.]

Embryo (der, -s, -s oder -onen) Keimzelle im ersten Entwicklungsstadium; dieses entspricht beim Menschen der Zeit von der vierten Schwangerschaftswoche bis zum Ende des vierten Schwangerschaftsmonats [gr.]

emeritiert in den Ruhestand versetzt, von Pflichten entbunden [lat.]

Emigrant (der, -en, -en) jmd., der aus politischen, wirtschaftlichen oder religiösen Gründen auswandert [lat.]

Eminenz (die, -, -en) Hoheit (als Anrede für einen Kardinal) [lat.]

ENGAGEMENT   E

Emission (die, -, -en) Abgabe von luftverschmutzenden Stoffen (Rauch, Gase, Staub, Gerüche), von Geräuschen und Erschütterungen oder von Strahlen (Licht, Wärme, Radioaktivität) [lat.]

Emitter (der, -s, -) Emissionselektrode eines Transistors [lat.]

Emotion (die, -, -en) Gemütsbewegung, Gefühlszustand [lat.]

Emphase (die, -, -n) Nachdruck, Eindringlichkeit (beim Sprechen) [gr.]

Empirie (die, -, nur Ez.) wissenschaftliche Erfahrung [gr.-lat.]

ℹ️ **Empirische Erkenntnisse** werden durch Beobachtung und Experimente gewonnen.

Emulsion (die, -, -en) Flüssigkeitsgemisch aus feinstverteilten ungelösten Stoffen (z. B. Öl in Wasser) [lat.]

endogen von innen kommend [gr.]

Endorphin (das, -s, -e) körpereigenes, schmerzstillendes Hormon [gr.-lat.]

Energie (die, -, -n)
1. nachdrückliche und entschiedene Kraft sowie Ausdauer, etwas durchzusetzen
2. geistige und körperliche Spannkraft
3. Fähigkeit eines Körpers oder Stoffes, Arbeit zu verrichten, die sich aus Wärme und Bewegung herleitet (Physik) [gr.-lat.-frz.]

Enfant terrible (das, - -, -s -s) „schreckliches Kind", jmd., der seine Mitmenschen in Verlegenheit bringt bzw. schockiert [frz.]

Engagement (das, -s, -s) persönlicher Einsatz für eine bestimmte Sache, innere Bindung [frz.]

E ENIGMA

> ℹ️ Im künstlerischen Bereich ist ein **Engagement** die Anstellung eines Künstlers.

Enigma (das, -s, -men) Rätsel [gr.]

Enklave (die, -, -n) von dem eigenen Staat ringsum eingeschlossener Teil eines fremden Staatgebiets [lat.-frz.]

Enquete (die, -, -s) amtliche Untersuchung [frz.]

> ℹ️ Eine **Enquetekommission** ist ein vom Parlament gebildeter Beratungsausschuss.

Ensemble (das, -s, -s)
1. Gesamtheit (z. B. Bauwerke als Ensemble betrachtet)
2. Künstlergruppe, die gemeinsam etwas aufführt (z. B. ein musikalisches Ensemble)
3. aufeinander abgestimmte Kleidungsstücke (z. B. ein Ensemble aus Rock, Bluse und Jacke) [frz.]

Enterokokken (nur Mz.) natürliche Darmbakterien des Menschen [gr.]

Enzyklopädie (die, -, -n) umfassende und geordnete Darstellung eines oder mehrerer Fachgebiete [gr.]

Enzym (das, -s, -e) den Stoffwechsel steuernde organische Verbindung, die in den Zellen gebildet wird [gr.]

Epidemie (die, -, -n) ansteckende Krankheit, die seuchenartig auftritt [gr.]

Epigraf auch: Epigraph (das, -s, -e) antike Inschrift [gr.]

Epilepsie (die, -, nur Ez.) Gehirnerkrankung, einhergehend mit Krampfanfällen, Zuckungen und kurzer Bewusstlosigkeit, Fallsucht [gr.]

Epilog (der, -s, -e) Nachwort [gr.]

ESOTERIK E

Episode (die, -, -n) 1. nebensächliche Sache 2. eingeschobenes Zwischenstück z. B. in der Bühnenkunst [gr.-frz.]

Epizoon (der, -s, -zoen) Tier, das auf anderen Lebewesen als Schmarotzer lebt [gr.-nlat.]

EQ (der, -, nur Ez.) emotionale Intelligenz, die Fähigkeit soziale Kontakte aufzubauen

Equalizer (der, -s, -) elektronisches Gerät, bei dem man mithilfe von Filtern ein Klangbild gezielt verändern kann (z. B. Höhen oder Tiefen verstärken) [lat.-engl.]

Ergometer (das, -s, -) Gerät zur Messung der Muskelleistungen

i Die **Ergonomie** beschäftigt sich mit der optimalen Anpassung zwischen dem Menschen und seinen Arbeitsbedingungen (Arbeitswissenschaft) [gr.]

Ergotherapie (die, -, -ien) Arbeits- und Beschäftigungstherapie [gr.]

erogen erotisch reizbar [gr.]

Erosion (die, -, -en) Zerstörung der Erdkruste durch Wasser, Eis und Wind [lat.]

eruieren ermitteln, herausfinden [lat.]

Eruption (die, -, -en) Vulkanausbruch, durch den Asche, Gas und Lava in die Luft geschleudert werden [lat.]

Eskalation (die, -, -en) schrittweise Steigerung (zum Negativen hin) [frz.-engl.]

Eskapade (die, -, -n) eigenwilliges Tun, mutwilliger Streich [frz.]

Esoterik (die, -, nur Ez.) Geisteshaltung; (Geheim-)Lehre mit astrologischen, okkultistischen und religiösen Elementen [gr.]

E ESPERANTO

Esperanto (das, -s, nur Ez.) eine künstliche Sprache, Welthilfssprache [nlat.]

Essay (der oder das, -s, -s) kurze, literarische oder wissenschaftliche Abhandlung [frz.-engl.]

essenziell auch: essentiell; wesentlich; lebensnotwendig [frz.]

etablieren sich einrichten, etwas gründen [lat.-frz.]

Etat (der, -s, -s) Staatshaushalt [frz.]

Ethik (die, -, -en) sittliche Einstellung, moralische Haltung des Menschen [gr.]

Ethnologie (die, -, nur Ez.) Völkerkunde [gr.-lat.]

Etikette (die, -, -n) gesellschaftliche Regeln, Umgangsformen [frz.]

EU (die, -, nur Ez.) Abkürzung für *Europäische Union*

> **i** eu- aus dem Griechischen stammende Vorsilbe mit der Bedeutung *gut*

Euphorie (die, -, -n) heitere Hochstimmung, Überschwang [gr.]

Eurocheque (der, -s, -s) ein europaeinheitlicher Bankscheck [frz.]

Eurovision (die, -, nur Ez.) Kurzwort aus *europäisch* und *Television*; Organisation der westeuropäischen Rundfunkanstalten

Euthanasie (die, -, nur Ez.) Sterbehilfe; die Tötung von unheilbar Kranken durch Medikamente [gr.]

Eutonie (die, -, nur Ez.) normale Spannung der Gefäße und Muskeln [gr.]

Evakuierung (die, -, -en) die Räumung eines Gebiets oder Gebäudes, weil dessen Bewohner durch einen Unfall oder eine Katastrophe gefährdet sind [lat.]

EXISTENZ

Evaluierung (die, -, -en) Auswertung [frz.]

Event (das, -s, -s) besonderes Ereignis, Veranstaltung [engl.]

Eventualität (die, -, -en) Möglichkeit [frz.]

evident offensichtlich, einleuchtend [lat.]

Eviktion (die, -, -en) richterliche Besitzentziehung [lat.]

Evolution (die, -, -en) langsame Weiterentwicklung [lat.]

ℹ Die **Evolutionstheorie** geht davon aus, dass sich alle Lebewesen langsam aus niederen Organismen entwickelt haben.

exaltiert überspannt, aufgeregt [lat.]

Exchange (die, -, -n) Tausch, Wechsel, Wechselstelle für Geld [engl.]

Exekution (die, -, -en) Hinrichtung [lat.]

Exempel (das, -s, -) 1. Beispiel 2. Rechenaufgabe [lat.]

Exemplar (das, -s, -e) Einzelstück [lat.]

Exhibitionist (der, -en, -en) jmd., der seine Geschlechtsteile in der Öffentlichkeit zur Schau stellt, um sich sexuell zu erregen [lat.]

Exhumierung (die, -, -en) Wiederausgraben einer bestatteten Leiche, etwa um nachträglich für ein Gerichtsverfahren die Todesursache festzustellen [lat.]

Exil (das, -s, -e) 1. Verbannung 2. Verbannungsort [lat.]

Existenzialismus auch: -tialismus (der, -, nur Ez.) Philosophie, die den Menschen als zur Freiheit Verurteilten sieht, der sich selbst den Sinn seiner Existenz suchen muss [lat.]

Existenz (die, -, -en) 1. (nur Ez.) Vorhandensein 2. menschliches Dasein 3. Lebensgrundlage, z. B. der Beruf [lat.]

Existenzminimum (das, -s, -ma) Mindesteinkommen, das zum Leben nötig ist; steuerlich der Freibetrag, bis zu dem Steuerfreiheit besteht [lat.]

Exitus (der, -, nur Ez.) Tod (eines Patienten) [lat.]

Exklave (die, -, -n) ein kleiner Teil eines Staatsgebiets, der von einem fremden Staat vollständig umschlossen ist [frz.]

Exklusion (die, -, -en) Ausschließung [lat.]

exklusiv außergewöhnlich, nur für wenige bestimmt [lat.-engl.]

Exkommunikation (die, -, -en) Ausschluss aus der katholischen kirchlichen Gemeinschaft [engl.]

Exkrement (das, -(e)s, -e) Kot [lat.]

Exkurs (der, -es, -e) Abschweifung, Nebenthema (eines wissenschaftlichen Textes) [lat.]

Exkursion (die, -, -en) geleiteter Ausflug, Studienreise [lat.]

Exmatrikulation (die, -, -en) Abmeldung oder Ausschluss aus der Hochschule

exogen von außen kommend [lat.]

exorbitant übertrieben, gewaltig [lat.]

Exosphäre (die, -, nur Ez.) äußerste Schicht der Atmosphäre [gr.-nlat.]

Expansion (die, -, -en) räumliche Ausdehnung [lat.]

> ℹ️ Eine **Expansionspolitik** zielt auf die Ausdehnung politischer und wirtschaftlicher Macht über das angestammte Gebiet hinaus.

explizit ausdrücklich [lat.]

Exploitation (die, -, -en) Ausbeutung von Bodenschätzen [lat.-frz.]

EXTREMITÄT E

Exponat (das, -(e)s, -e) Ausstellungsstück, Museumsstück [lat.]

Export (der, -(e)s, -e) Warenausfuhr [lat.]

Exposé auch: Exposee (das, -s, -s) Entwurf, Handlungsskizze [frz.]

Expression (die, -, -en) (starker) Ausdruck [lat.]

i Der **Expressionismus** war eine revolutionäre Kunstrichtung des frühen 20. Jhs.

expressiv ausdrucksbetont [lat.]

Extemporale (das, -s, -lien) nicht angesagte schriftliche Klassenarbeit

extern außen liegend [lat.] exterritorial außerhalb der Landeshoheit, z. B. sind die Gelände ausländischer Botschaften exterritoriales Gebiet [lat.]

Extraordinarius (der, -, -ien) außerordentlicher Professor [lat.]

extraterrestrisch außerhalb der Erde gelegen [lat.]

extravagant aus dem Rahmen fallend [frz.]

Extremismus (der, -, nur Ez.) radikale politische Haltung [lat.]

i **Linksextremismus** (der, -, nur Ez.) Sammelbezeichnung für linksradikale oder kommunistische Weltanschauungen, die das bürgerliche kapitalistische System grundsätzlich ablehnen – **Rechtsextremismus** (der, -, nur Ez.) als rechtsradikal gelten Parteien und Vereinigungen, die Inhalte des Faschismus oder Nationalsozialismus vertreten.

Extremität (die, -, -en) Gliedmaße (Arm und Bein) [lat.]

exzentrisch 1. überspannt, verschroben 2. außerhalb des Mittelpunkts liegend [lat.]

Exzerpt (der, -(e)s, -e) schriftlicher Auszug (aus einer Textvorlage) [lat.]

Exzess (der, -es, -e) Ausschweifung [lat.]

EZB (die, -, nur Ez.) Europäische Zentralbank

F

fabulieren lebhaft erzählen, wirres Zeug reden [lat.]

Facelifting (das, -s, nur Ez.) Gesichtsoperation, um die Haut glatt erscheinen zu lassen [engl.]

Faible (das, -s, -s) Schwäche, Vorliebe [frz.]

Fair Play auch: Fairplay (das, -, nur Ez.) ehrliches Spiel [engl.]

Faksimile (das, -s, -s) genaue Wiedergabe und Reproduktion z. B. von Original-Handschriften [lat.]

Fakten (nur Mz.) Tatsachen [lat.]

faktisch tatsächlich, wirklich [lat.]

Faktor (der, -s, -en) 1. maßgeblicher Umstand (z. B. verschiedene Faktoren einer Entwicklung) 2. Vervielfältigungszahl (in der Multiplikation) 3. Leiter einer Setzerei [lat.]

Faktotum (das, -s, -ten oder -s) vielseitige Hilfskraft [lat.]

Faktur (die, -, -en) Warenrechnung, Lieferschein [lat.]

Fakultät (die, -, -en) Teil einer Hochschule, in dem verschiedene verwandte Wissenschaftsgebiete zusammengefasst sind [lat.]

fakultativ wahlweise, nicht zwingend [lat.]

Fallout auch: Fall-out (der, -s, -s) radioaktiver Niederschlag [engl.]

Fama (die, -, nur Ez.) Gerücht [lat.]

Familiare (der, -, -n) Angehöriger eines Klosters, der jedoch kein Mitglied dieses Ordens ist [lat.]

Fanal (das, -s, -e) weithin sichtbares, bekanntes Zeichen, das eine Veränderung ankündigt [gr.-frz.]

Fanatiker (der, -s, -) jmd., der sich mit blindem Eifer für eine Sache einsetzt [lat.]

Fango (der, -s, nur Ez.) heißer Mineralschlamm (für Heilpackungen) [germ.-it.]

FAQ (die, -, -) Abk. für *frequently asked questions*: häufig gestellte Fragen zu einem bestimmten Thema [engl.]

Farce (die, -, -n) 1. lächerliche Sache, Posse 2. Füllung (z. B. für Geflügel) [frz.]

Faschismus (der, -, nur Ez.) italienisches Herrschaftssystem der Jahre 1925 bis 1943 unter seinem Führer Benito Mussolini (engerer Sinn) [it.-nlat.]

> **i** Im Allgemeinen beschreibt das Wort **Faschismus** eine nationalistische Diktatur, die gegen die Demokratie kämpft.

Fashion Mode [engl.]

Fasson (die, -, -s) bestimmte Form, Machart, Art und Weise [frz.]

faszinieren bannen, bezaubern, größtes Interesse hervorrufen [lat.]

fatal sehr unangenehm, verhängnisvoll [lat.]

Fauna (die, -, -nen) Tierwelt in bestimmtem Gebiet [lat.]

Fauxpas (der, -, -) Taktlosigkeit [frz.]

Favela (die, -, -s) südamerikanischer Slum [portugies.]

Favorit (der, -en, -en) Günstling, voraussichtlicher Sieger [it.-frz.]

Fazit (das, -s, -s) Endergebnis, Schlussfolgerung [lat.]

FCKW Abk. für *Fluorchlorkohlenwasserstoff* (Chemie)

Feature (das, -s, -s) Hörbild im Rundfunk; eine Mischung aus Reportagen, Kommentar, Dialog und Musik zu einem Dokumentarbericht [engl.]

Feedback auch: Feed-back (das, -s, -s) Rückmeldung, die dem Gegenüber zeigt, dass seine Äußerung verstanden wurde [engl.]

> **i** **fem-** vom lateinischen Wort *femina* (Frau) abgeleitet bedeutet *fem-* als Vorsilbe bei Adjektiven *weiblich*, bei Substantiven *Frau*. Auch das französische Wort für Frau, *femme*, stammt von *femina* ab.

Feminismus (der, -, nur Ez.) Frauenbewegung, die eine grundsätzliche Änderung der gesellschaftlichen Verhältnisse zugunsten der Rolle der Frau anstrebt und gegen jede Benachteiligung der Frau kämpft [lat.-nlat.]

Femme fatale (die, -, -s -s) verführerische Frau, die ihre Partner ins Verderben stürzt [frz.]

Feng-Shui auch: Fengshui (das, -, nur Ez.) asiatische Philosophie der Raumgestaltung [chin.]

Fertilität (die, -, nur Ez.) Fruchtbarkeit [lat.]

Festival (das, -s, -s) regelmäßig stattfindende Festspiele [lat.-frz.-engl.]

Fetisch (der, -(e)s, -e) Gegenstand, dem Zauberkraft zugeschrieben wird [portugies.]

Fetischismus (der, -, nur Ez.) fast kultische Verehrung von Gegenständen; auch sexuelle Perversion, bei der jmd. sexuelle Befriedigung nur durch bestimmte Körperteile oder Gegenstände erreicht [portugies.-lat.]

feudal vornehm, reichhaltig [germ.-lat.]

i Unter **Feudalismus** versteht man die Herrschaft einer kleinen aristokratischen Oberschicht von Großgrundbesitzern über leibeigene Bauern.

Feuilleton (das, -s, -s) Kulturteil einer Zeitung [frz.]

Fiasko (das, -s, -s) großer Misserfolg, schwerer Reinfall [it.]

Fiche (das, -s, -s) Folie im Karteikartenformat, auf der fotografisch verkleinerte Daten festgehalten sind [lat.-frz.-engl.]

Fieldworker (der, -s, -) Meinungsforscher, Interviewer, der für Statistiken Leute befragt [engl.]

Fiktion (die, -, -en) eine Sache, die es nur in der Vorstellung gibt, Erdichtung, Erfindung [lat.]

File (das, -s, -s) Computerdatei [engl.]

Filiale (die, -, -n) Zweigstelle [lat.]

filigran sehr feingliedrig [lat.]

Filou (der, -s, -s) Spitzbube, Schlitzohr [frz.]

Finale (das, -s, -) Abschluss, Endkampf [it.]

Finesse (die, -, -n) 1. Kniff, Kunstgriff 2. Feinheit [frz.]

Finetuning (das, -s, -s) Feinabstimmung [engl.]

fingieren vortäuschen [lat.]

Firewall (die, -, -s) Sicherheitssystem, das ein geschlossenes Netzwerk vor dem unbefugten Eindringen schützt [engl.]

firm erfahren sein [lat.]

Firmament (das, -(e)s; nur Ez.) der sichtbare Himmel, Himmelsgewölbe [lat.]

First Lady (die, -, -s) die Ehefrau eines Staatsoberhaupts [engl.]

Fiskus (der, -, nur Ez.) der Staat als Vermögensträger, Finanzbehörde [lat.]

Fixer (der, -s, -) jmd., der sich Heroin direkt in die Venen spritzt [lat.-dt.]

Fixgeschäft (das, -(e)s, -e) Abmachung mit genau festgelegten Fristen [lat.-dt.]

Fixierbad (das, -(e)s, -bäder) mit Flüssigkeit gefülltes Gefäß, in welches Fotos zum Fixieren gelegt werden [lat.-dt.]

Fixpunkt (der, -(e)s, -e) fester Bezugspunkt in der Mathematik [lat.-dt.]

flektierbar (Adj.) konjugierbar oder deklinierbar [frz.]

Fixstern (der, -s, -e) scheinbar feststehender Himmelskörper [lat.-dt.]

Fixum (das, -s, -xa) festes Einkommen [lat.]

Fjord (der, -(e)s, -e) tief eingeschnittene Meeresbucht [norweg.-schwed.]

Flair (das, -s, nur Ez.) positive und angenehme Atmosphäre oder Ausstrahlung [lat.-frz.]

Flakon (der oder das, -s, -s) Glasfläschchen für Parfum [frz.]

flambieren mit Alkohol übergießen und brennend servieren (z. B. Süßspeisen) [frz.]

Flanell (der, -s, -e) weicher, angerauter Baumwollstoff [kelt.-engl.-frz.]

flanieren langsam spazieren gehen (um gesehen zu werden) [frz.]

flankieren zu beiden Seiten stehen, begleiten [germ.-frz.]

Flashback (der, -s, -s) Horrortrip bei Drogenkonsum, der lange Zeit nach der Einnahme auftritt [engl.]

Flashlight (das, -s, -s) Lichtblitze, z. B. in einer Diskothek [engl.]

FOKUSSIERUNG F

Flatrate auch: Flat Rate (die, -, -s) Pauschalbetrag, Pauschalpreis [engl.]

Flexibilität (die, -, nur Ez.) rasche Anpassungsfähigkeit in unterschiedlichen Situationen [lat.]

Flipchart auch: Flip-Chart (das, -s, -s) Papiertafel für Demonstrationszwecke [engl.]

floaten Schwanken eines Wechselkurses [engl.-dt.]

Flop (der, -s, -s) Fehlschlag [engl.]

Flora (die, -, -ren) Pflanzenwelt [lat.]

florieren sich gut entwickeln (besonders von Geschäften), „blühen" [lat.]

Floskel (die, -, -n) leere Redeformel [lat.]

Fluidum (das, -s, -da) besondere Ausstrahlung einer Person oder eines Raumes [lat.]

fluktuieren schwanken, wechseln [lat.]

Flyer (der, -s, -) ein Prospektblatt unter fünf Gramm Gewicht, das z. B. Postsendungen beigelegt wird [engl.]

Föderalismus (der, -, nur Ez.) politisches System [frz.-nlat.]

ℹ Im Falle des **Föderalismus** schließen sich mehrere, weitgehend selbstständige Einzelstaaten zu einem Bundesstaat zusammen. Die Einzelstaaten behalten dabei alle Aufgaben, die sie selbst durchführen können.

Fokaldistanz (die, -, -en) Brennweite [lat.]

Fokometer (das, -s, -) Apparat zur Bestimmung der Brennweite [lat.-gr.]

Fokus (der, -, -se) Brennpunkt [lat.]

Fokussierung (die, -, -en) Lichtbündelung auf einem zentralen Punkt [lat.]

F

FOLLIKELSPRUNG

Follikelsprung (der, -(e)s, -sprünge) Eisprung [lat.-dt.]

Fond (der, -s, -s) 1. Hintergrund (z. B. der Fond einer Bühne) 2. Grundlage (z. B. der Fond eines Vermögens) 3. Rücksitz in einem Wagen 4. Bodensatz beim Fleischanbraten (als Soßengrundlage) [lat.-frz.]

Font (der, -s, -s) EDV-Zeichensatz

forcieren erzwingen [lat.-frz.]

Foreign Office (das, -, nur Ez.) britisches Außenministerium [engl.]

forensisch gerichtlich [lat.]

forfaitieren eine Forderung verkaufen [lat.-frz.]

Forfaitierung (die, -, -en) Außenhandelsfinanzierung über ein Kreditinstitut [lat.-frz.]

Forfeit (das, -s, -s) Abstandssumme beim Rücktritt von Verträgen [engl.]

formalistisch Überbetonung des Formalen [lat.]

Formatierung (die, -, -en) Einteilung eines Datenträgers, z. B. einer CD-ROM, als Vorbereitung für die Aufnahme von Daten [lat.]

formieren 1. bilden, gestalten 2. anordnen [lat.]

Forum (das, -s, -ren) Plattform für Diskussionen [lat.]

Fossil (das, -s, -ien) versteinerter Überrest, Abdruck eines urgeschichtlichen Lebewesens [lat.]

Fossilisation (die, -, -en) das Entstehen von Versteinerungen [lat.]

Fotoeffekt auch: Photoeffekt (der, -(e)s, -e) Elektronenaustritt aus Stoffen, die mit Licht bestrahlt wurden [gr.-lat.]

Fotomontage mehrere Fotos zu einem Bild zusammenfügen, z. B. ein anderer Kopf auf einen fremden Körper [gr.-frz.]

Fotosphäre auch: Photosphäre (die, -, -n) Gashülle der Sonne [gr.]

Fotosynthese auch: Photosynthese (die, -, nur Ez.) Umwandlung von Kohlendioxid in Kohlenhydrate unter Einwirkung der Sonne auf Grünpflanzen [gr.]

Fotothek (die, -, -en) Sammlung von Fotografien zu wissenschaftlichen oder kommerziellen Zwecken [gr.]

Foul (das, -s, -s) Regelwidrigkeit, grobe Unsportlichkeit [engl.]

Foyer (das, -s, -s) Wandelhalle [frz.]

Fragment (das, -(e)s, -e) Bruchstück; unvollendetes Werk [lat.]

Fraktion (die, -, -en) Zusammenschluss von Parteimitgliedern im Parlament [frz.]

Franchise (das, -, nur Ez.) ein Vertriebssystem, bei dem ein Unternehmer seine Produkte per Lizenzvertrag durch einen Einzelhändler vertreiben lässt [engl.]

frappant auch: frappierend verblüffend, überraschend [frz.]

Frater (der, -s, -tres) Mönch, der noch vor seiner Weihe zum Priester steht [lat.]

Fraternität (die, -, -en) 1. Brüderlichkeit, Verbrüderung 2. Bruderschaft [lat.]

Freak (der, -s, -s) jmd., der sich nicht der bürgerlichen Gesellschaft anpasst; leidenschaftlicher Fan einer Sache [engl.]

Freeclimbing auch: Free Climbing (das, -s, nur Ez.) Bergsteigen ohne Hilfsmittel [engl.]

Freelancer (der, -, -s) freiberuflicher bzw. freischaffender Musiker, Schriftsteller, Journalist oder Redakteur [engl.]

Freeware (die, -, nur Ez.) frei verfügbare, kostenlose Computersoftware [engl.]
frenetisch rasend, tobend [frz.]
Frequenz (die, -, -en) Anzahl von Schwingungen, Ausschlägen oder Wellen innerhalb einer bestimmten Zeit [lat.]

ℹ️ Unter **Bildfrequenz** versteht man die Zahl der in der Sekunde von der Filmkamera aufgezeichneten Bilder bzw. der pro Sekunde gesendeten Bilder in Film oder Fernsehen.

Fresko (das, -s, -ken) Wandmalerei auf frischem, noch feuchtem Kalkverputz [it.]
frigid sexuell nicht erregbar (bei Frauen) [lat.]
Frivolität (die, -, -en) Schlüpfrigkeit, Leichtfertigkeit [lat.-frz.]

frontal von vorn, an der Vorderseite befindlich [frz.]
frugal einfach [frz.]
Fulltime-Job auch: Fulltimejob (der, -s, -s) Tätigkeit, die den ganzen Tag ausfüllt [engl.]
fulminant großartig [lat.]
fundamental grundlegend, von Bedeutung [lat.]
Fundraising auch: Fund-Raising (das, -s, nur Ez.) das Verwenden von modernen Werbemethoden zur Erlangung von Geldspenden für wohltätige Zwecke [engl.]
Fundus (der, -, nur Ez.) Grundlage, Grundstock; beim Theater Bestand der Ausstellungsstücke [lat.]
Funktion (die, -, -en) Stellung in einer Organisation; Aufgabe in einem größeren Zusammenhang [lat.]
Funktionär (der, -s, -e) Beauftragter eines Verbandes oder einer Organisation, z. B. ein Sportfunktionär, der selbst

nicht aktiv ist, aber Sportler betreut [lat.]

funktionell wirksam, aufgabengerecht [lat.]

ℹ️ Ein **funktionelles Design** richtet sich nach der optimalen Ausführung einer Funktion.

Furore (die, -, nur Ez.) erfolgreiches Aufsehen; tosender Beifall [it.]

Fusion (die, -, -en) Vereinigung, z. B. von Unternehmen [lat.]

ℹ️ In **Fusionsreaktoren** soll Energie durch die Verschmelzung von Atomkernen gewonnen werden.

Futon (der, -s, -s) aus Japan stammende, hart gepolsterte Schlafmatte [jap.]

Futur (das, -, nur Ez.) Zukunftsform (Sprache) [lat.]

Future (der, -s, nur Ez.) Termingeschäft an der Börse [lat.-engl.]

Futurologie (die, -, -n) Wissenschaft, die sich mit der Zukunft auf wissenschaftl., gesellschaftl. und wirtschaftl. Gebiet beschäftigt [engl.]

G

Gadget (das, -s, -s) kleiner kostenloser Werbeartikel [engl.]

Gag (der, -s, -s) Überraschungseffekt; lustiger Einfall [engl.]

Gage (die, -, -n) Künstlerlohn [germ.-frz.]

Gala (die, -, -s) prunkvolle Aufführung; Festlichkeit (z. B. eine Jubiläumsfeier in Form einer Gala) [span.]

galant höflich-zuvorkommend (gegenüber einer Dame) [frz.]

Galaxie (die, -, -n) Sternsystem [gr.-lat.]

Galerie (die, -, -n) Kunsthandlung, die eigene Ausstellungen veranstaltet [it.-frz.]

> In der Architektur ist eine **Galerie** entweder ein umlaufender, balkonartiger Gang an einem Haus oder eine überdachte Innenpassage.

Gammastrahlen (nur Mz.) radioaktive Strahlen, die als kurzwellige Röntgenstrahlen verwendet werden [gr.-dt.]

Gangway (die, -, -s) Steg, Treppe zum Ein- und Aussteigen (für Passagiere von Flugzeugen oder Schiffen) [engl.]

Garantie (die, -, -n) Bürgschaft, Gewähr, Zusicherung [germ.-frz.]

Gardekorps (das, -, -) Gesamtheit der Gardetruppen [frz.]

Garnitur (die, -, -en) zusammengehörige Stücke (z. B. eine Garnitur von Möbeln) [frz.]

Gastritis (die, -, -itiden) Magenschleimhautentzündung [gr.]

Gastronom (der, -en, -en) Gastwirt (und Kenner der Kochkunst) [frz.]

Gate-Keeper (der, -s, -) derjenige, der eingehende Nachrichten aussortiert und weitergibt [engl.]

Gateway (das, -s, -s) Verbindungsstelle zwischen Rechnernetzen [engl.]

GATT (das, -, nur Ez.) Abkürzung für *General Agreement on Tariffs and Trade* (= *Allgemeines Zoll- und Handelsabkommen*): Organisation der UNO zum Abbau der Handelsschranken

gay homosexuell [engl.]

Gemmologie (die, -, nur Ez.) Edelsteinkunde [lat.-gr.]

Gen (das, -s, -e) Erbfaktor, der in den Chromosomen festgelegt ist.

ℹ️ Durch Versuche mit **Genmanipulationen** wird auf biochemischem Weg direkt in die Erbmasse eingegriffen, um ein bestimmtes Erbgut zu produzieren.

genant sich leicht genierend, peinlich berührt [frz.]
Generale (das, -s, -lien) allgemein Gültiges [lat.]
generalisieren verallgemeinern [lat.]
Generalprävention (die, -, -en) Versuch von Richtern, durch hohe Strafen zukünftige Täter abzuschrecken [lat.]
Generalprobe (die, -, -n) letzte Probe vor z. B. einer Theateraufführung [lat.-dt.]
Generation (die, -, -en) in etwa die Lebenszeit eines Menschen umfassender Zeitraum; Geschlechterfolge, d. h. Eltern, Kinder, Enkel usw. [lat.]

ℹ️ **Generationenkonflikt** nennt man Schwierigkeiten zwischen Jugendlichen und Erwachsenen, die aus den unterschiedlichen Meinungen über Lebensfragen entstehen. Der **Generationenvertrag** ist die Verpflichtung der Jüngeren, für die erwerbsunfähigen Älteren zu sorgen, als Gegenleistung für ihre frühere Versorgung.

Generator (der, -s, -oren) Maschine für die Erzeugung von Spannung oder Strom [lat.]
Genie (das, -s, -s) 1. höchste schöpferische Begabung 2. Mensch mit dieser Eigenschaft [frz.]
Genital (das, -s, -lien) Geschlechtsorgan [lat.]

Fremdwörter – Fluch oder Segen?

Jede Sprache profitiert vom Einsatz von Fremdwörtern, denn sie wird dadurch um neue Varianten und Synonyme oder auch gänzlich neue Begriffe bereichert. Historisch gesehen führten diese Entlehnungen nur in den seltensten Fällen zur Verdrängung oder Hybridisierung der aufnehmenden Sprachen. Zu beobachten waren solche Prozesse allenfalls im Rahmen von Sprachkontakten in der Kolonialzeit. In Südostasien oder auch in der Karibik entstanden sogenannte Pidgin- oder Kreolensprachen. Dabei handelt es sich um Mischformen aus dem Französischen, Englischen oder Spanischen mit den Sprachen der indigenen Bevölkerung, die den Kolonisatoren in allen gesellschaftlichen und kulturellen Belangen wenig entgegenzusetzen hatte. Eine vergleichbare Entwicklung ist für das Deutsche oder andere Sprachen der entwickelten Welt allerdings nicht zu erwarten. Zum regelrechten Untergang dieser Sprachen oder zur Herausbildung neuer Mischsprachen wird es nicht kommen. Dies lässt sich sprachwissenschaftlich historisch belegen, denn bislang sind Entlehnungen aus anderen Sprachen immer in das deutsche Sprachsystem absorbiert worden.

Gleichwohl macht die Entwicklung des 20. Jahrhunderts, die geprägt ist von der Europäisierung sowie der Globalisierung und der damit verbundenen Etablierung des Englischen als Globalisierungssprache, Sorgen. Weniger die Durchsetzung der Alltagssprache mit englischen Begriffen, die manchem Sprecher sauer aufstößt, stellt dabei das Hauptproblem dar. Es ist vielmehr so, dass das Deutsche (und mit ihm viele andere Muttersprachen) beginnt, sich aus wichtigen Sprachbezirken zu verabschieden. Das Deutsche verliert für den Sprecher an Prestige, besonders in der Wissenschaft und der Wirtschaft. Das Phänomen einer internationalen Brückensprache ist dabei nicht neu; diese Rolle, die heute das Englische spielt, hatten zuerst das Lateinische, sodann das Französische inne, ohne dass daran die anderen europäischen Sprachen zugrunde gegangen wären.

Allerdings war der Geltungsradius dieser Brückensprachen viel begrenzter als der des Englischen heute. Anders als das Latein des Mittelalters, das damals als Kunstsprache der Gelehrten fungierte, durchdringt das Englische heute das Deutsche viel tiefer und breiter. Deutsche Universitäten lehren in manchen Fachbereichen ausschließlich auf Englisch, Studenten verfassen ihre „Papers" und „Dissertations" zunehmend in dieser Sprache. Der deutsche wissenschaftliche Fachwortschatz jedoch geht dadurch verloren.

Die Reduzierung des Deutschen auf das Alltäglich-Private sowie die Einmottung des reichen Fachschrifttums – das sind die wahren Bedrohungen, die für die deutsche Sprache von der sprachlich-englisch globalisierten Welt ausgehen. Mit der Europäisierung und Globalisierung ist eine neue Situation in der Sprachenwelt eingetreten. Wie die Entwicklung tatsächlich verlaufen wird, lässt sich heute noch nicht vorhersagen.

G GENMUTATION

Genmutation (die, -, -en) Veränderung eines Gens [gr.-lat.]
Genre (das, -s, -s) Gattung, Art [frz.]
Gentransfer (der, -s, -s) Übertragung von genetischen Informationen in einen Zellkern [gr.-lat.]
genuin 1. angeboren, erblich 2. unverfälscht, echt, naturgemäß [lat.]

> **i** **geo-** Vorsilbe aus dem Griechischen mit der Bedeutung *Erde*

Geodäsie (die, -, nur Ez.) Vermessungskunde [gr.]
Geometrie (die, -, nur Ez.) Raumlehre, Mathematik ebener und räumlicher Figuren [gr.]
Geophyt (der, -en, -en) Pflanze, die trockene oder kalte Jahreszeiten als Zwiebel, Knolle o. Ä. überdauert [gr.-nlat.]

Geosphäre (die, -, nur Ez.) Erdoberfläche, Bereich, in dem sich Atmosphäre und Erdball berühren [gr.]
Geotektonik (die, -, nur Ez.) Wissenschaft von der Beschaffenheit und Entwicklung der Erdkruste [gr.]
Germanistik (die, -, nur Ez.) Wissenschaft von der deutschen Sprache und Literatur [lat.]

> **i** **-istik/-ismus** treten als Endungen bei Substantiven auf, die einen Zustand beschreiben.

Gerontologie (die, -, nur Ez.) Alterswissenschaft, Altersforschung [gr.]
Geste (die, -, -n) Ausdrucksbewegung (der Hände), Gebärde [lat.]
Getto auch: Ghetto (das, -s, -s) abgesondertes Wohnviertel [it.]

Ghostwriter (der, -s, -) jmd., der für andere, z. B. Politiker, Reden oder z. B. für Sportler Bücher schreibt, selbst aber nicht als Autor genannt wird [engl.]

Gigantomanie (die, -, -n) die Sucht, alles besonders groß zu machen, z. B. Bauwerke ins Riesenhafte zu übersteigern [gr.]

Gigolo (der, -s, -s) Mann, der sich von Frauen aushalten lässt [frz.]

Girlie (das, -, -s) junge Frau, die bewusst kindliche und figurbetonende Kleidung trägt [engl.]

Giro (das, -s, -s) Überweisung im bargeldlosen Zahlungsverkehr [it.]

Glamour (der, -, nur Ez.) betörender Glanz [frz.-engl.]

Glazialzeit (die, -, -n) Eiszeit [lat.-dt.]

global weltweit, gesamt und umfassend

i Ein **Global Player** ist ein Unternehmen, das sich innerh. der Weltwirtschaft an int. Produktions- und Absatzmärkten orientiert.

Globalisierung (die, -, nur Ez.) weltweites Verbreiten und Vernetzen [lat.]

Globetrotter (der, -s, -) Weltenbummler, Rucksacktourist, der mit viel Zeit und wenig Geld um die Welt reist [engl.]

Gloriole (die, -, -n) Heiligenschein [lat.]

Glossar (das, -s, -e) Wörterverzeichnis (Anhang) [gr.-lat.]

Glosse (die, -, -n) spöttische Randbemerkung, kurzer, ironischer Zeitungskommentar [gr.-lat.]

Glyptothek (die, -, -en) Skulpturensammlung [gr.]

G-Man (der, -(s), G-Men) von *government man*: ein Spezialagent des amerikanischen FBI [engl.]

Go-go-Girl (das, -s, -s) Mädchen, das in einem Tanzlokal auf der Bühne vortanzt [engl.]

Gobelin (der, -s, -s) kostbar gearbeiteter Wandbildteppich [frz.]

Gonorrhö (die, -, -en) Geschlechtskrankheit mit dem deutschen Namen „Tripper" [gr.]

Goodwill (der, -, nur Ez.) 1. Wohlwollen 2. Aussehen 3. Unternehmens-, Geschäftswert [engl.]

Goodwilltour (die, -, -en) Politikerreise, mit der freundschaftliche Beziehungen zu anderen Ländern hergestellt werden sollen [engl.]

Gourmand (der, -s, -s) jmd., der gern viel isst [frz.]

i Im Gegensatz dazu steht der **Gourmet**, dem es mehr auf die Qualität des Essens ankommt.

Gout (der, -s, -s) Geschmack [lat.-frz.]

goutieren gutheißen [lat.-frz.]

Gouverneur (der, -s, -e) 1. Statthalter 2. Befehlshaber einer größeren Festung 3. oberster Beamter eines Bundesstaates in den USA [lat.-frz.]

Gradation (die, -, -en) Abstufung [lat.]

graduell grad-, stufenweise [lat.-frz.]

Graduierung (die, -, -en) Erwerb eines akademischen Grads [lat.-frz.]

Graffiti (das, -s, -s) mit Farbspray auf Außenwände gesprühtes Bild [it.-engl.]

Graffito (das oder der, -s, -ti) in eine Mauer geritzte Inschrift [germ.-it.]

i **-grafie** Nachsilbe aus dem Griechischen. Bei Substantiven weist sie darauf hin, dass der Begriff im weitesten Sinne etwas mit Schreiben zu tun hat.

Grafik auch: Graphik (die, -, nur Ez.) Schreib- und Zeichenkunst, die zur Vervielfältigung (Druckgrafik) geeignet ist; auch Holz- oder Kupferstich [gr.-lat.]

i Beim **Grafikdesign** werden Werbebotschaften mithilfe von Schrift, Form und Farbe in Bilder übersetzt.

Grammy (der, -s, -s) amerikanischer Musikpreis [engl.]
Grand Prix (der, - -, -s -) großer Preis, z. B. im Sport oder in der Musik [lat.-frz.]
Grandeur (die, -, nur Ez.) Größe, Großartigkeit [lat.-frz.]
Grandezza (die, -, nur Ez.) Würde, menschliche Größe [lat.-span.]
grandios überwältigend, großartig [lat.-it.]
Grandseigneur (der, -s, -s oder -e) vornehmer und erfahrener älterer Herr [lat.-frz.]
Granulat (das, -(e)s, -e) körniges Material [lat.]
Granule (die, -, -n) Gaswirbel auf der Sonnenoberfläche [lat.]
Grafologe auch: Graphologe (der, -en, -en) jmd., der aus Handschriften auf den Charakter des Schreibers schließt [gr.-nlat.]
Gratifikation (die, -, -en) Sonderzuwendung an Arbeitnehmer (besonders das Weihnachtsgeld) [lat.]
Gratulation (die, -, -en) Glückwunsch [lat.]
Gravidität (die, -, -en) Schwangerschaft [lat.]
gravierend ins Gewicht fallend, erheblich [lat.]
Gravitation Schwerkraft der Erde [lat.]

Grazie (die, -, -n) 1. eine der drei Göttinnen der Anmut 2. hübsches Mädchen 3. Anmut [lat.]

grazil zerbrechlich, zierlich [lat.]

graziös anmutig [lat.]

Greenpeace internationale Umweltschutzorganisation [engl.]

Gremium (das, -s, -mien) Ausschuss (z. B. ein beratendes Gremium von Experten) [lat.]

Gringo (der, -s, -s) verächtliche Bezeichnung für Weiße in Lateinamerika [gr.-lat.-span.]

Gros (das, -, nur Ez.) überwiegender Teil, Mehrheit [lat.-frz.]

grotesk übertrieben lächerlich, verzerrt [gr.-lat.-it.-frz.]

Groupie (der, -s, -s) weiblicher Fan, dem kein Mittel fremd ist, um seinem Star nahe zu sein [engl.]

Guerilla (die, -, -s) bewaffnete Gruppen der einheimischen Bevölkerung, die auf eigene Faust gegen eine Besatzungsmacht oder im Bürgerkrieg gegen die eigenen Soldaten Krieg führen [germ.-span.]

Guide (der, -s, -s) Fremdenführer [germ.-frz.]

Guillotine (die, -, -n) Fallbeil [frz.]

Guru (der, -s, -s) geistlicher Lehrmeister [Hindi.]

Gusto (der, -s, nur Ez.) Appetit, Geschmack [it.]

Gynäkologie (die, -, nur Ez.) Frauenheilkunde [gr.]

Gynogamet (der, -en, -en) Eizelle [gr.-nlat.]

Gynogenese (die, -, nur Ez.) ungeschlechtliche Fortpflanzung, Scheinbefruchtung [gr.-nlat.]

Gyrometer (der, -s, -) Umdrehungsmesser [gr.]

Gyttja (die, -, -jen) Faulschlamm [schwed.]

H

Habilitation (die, -, -en) Erwerb der Lehrberechtigung an einer Hochschule [lat.]
Habitus (der, -, nur Ez.) 1. Aussehen 2. Verhalten [lat.]
Hacker (der, -s, -) jemand, der über PC, Netzwerk- oder Telefonleitung unberechtigt in andere Computersysteme eindringt und dabei versucht, fremde Programme zu manipulieren oder sonstigen Schaden anzurichten [engl.]
Hadsch auch: Haddsch (der, -, nur Ez.) Pilgerreise nach Mekka, die für jeden gläubigen Moslem ein Mal im Leben eine heilige Pflicht ist [arab.]
Hagiologie (die, -, nur Ez.) Lehre von den Heiligen [gr.]
Haiku (das, -s, -s) japanische Gedichtform [jap.]
Halfpipe (die, -, -s) Bahn zum Skate- oder Snowboardfahren in der Form einer halbierten Röhre [engl.]
Halitus (der, -, nur Ez.) Atem, Ausdünstung (in der Medizin) [lat.]
Halluzination (die, -, -en) Sinnestäuschung [lat.]
Halluzinogen (das, -s, -e) ein die Psyche beeinflussendes Mittel, das Halluzinationen hervorruft, z. B. LSD [lat.]
Hämatogramm (das, -s, -e) durch medizinische Untersuchung gewonnenes Blutbild [gr.]
Hämodialyse (die, -, -n) Reinigung des Blutes [gr.]
Hämorride auch: Hämorrhoide (die, -, -n) knotig verdickte Mastdarmvene [gr.]
Handout auch: Hand-out (das, -s, -s) Schriftstück, das in einem Seminar an alle Teilnehmer ausgegeben wird [engl.]

Handicap auch: Handikap (das, -s, -s) Nachteil oder Behinderung [engl.]

Handling (das, -s, nur Ez.) Handhabung, Benutzung [engl.]

Handy (das, -s, -s) Mobiltelefon [anglisierende Bildung]

Happening (das, -s, -s) künstlerische Aktion mit Zuschauern, denen ein schockierendes und zum Nachdenken anregendes Erlebnis vermittelt werden soll [engl.]

Happy End auch: Happyend (das, -s, -s) glückliches Ende einer Liebesgeschichte oder eines Konflikts [engl.]

Happy Hour (die, -, nur Ez.) Zeit, zu der in Bars oder Restaurants Getränke oder Essen billiger angeboten werden als zu anderen Zeiten des Tages [engl.]

Harakiri (das, -, -s) japanische Art des rituellen Selbstmords, bei dem mit einem Säbel der Bauch aufgeschlitzt wird [jap.]

> **hard** engl. Adjektiv mit der Bedeutung *hart* oder *fest*. Mit dieser Bedeutung tritt *hard-* auch am Wortanfang in zusammengesetzten Substantiven wie *Hardliner* oder *Hardware* auf.

Hardcopy auch: Hard Copy (die, -, -s) Ausdruck von Daten, die im Computer gespeichert sind [engl.]

Hardcover (das, -s, -s) Buch mit festem Einband [engl.]

Hard Disc auch: Hard Disk (die, -, -) Festplatte [engl.]

Hardliner (der, -s, -) jmd., der einen unnachgiebigen Kurs verfolgt [engl.]

Hardware (die, -, nur Ez.) technischer Teil einer elektrischen Datenverarbeitungsanlage, der im Betrieb nicht verändert wird [engl.]

HEGEMONIE   H

Harem (der, -s, -s) 1. in islamischen Ländern Frauenbereich in Wohnhäusern 2. große Anzahl von Ehefrauen eines Mannes [arab.-türk.]

Harmonie (die, -, -n) 1. wohltönender Zusammenklang (in der Musik) 2. Wohlabgewogenheit; friedvolle Übereinstimmung [gr.]

Haschisch (das, -s, nur Ez.) Rauschgift, das aus dem Harz des indischen Hanfs gewonnen wird [arab.]

Hattrick (der, -s, -s) drei Tore des gleichen Fußballspielers in einem Spiel in unmittelbarer Folge [engl.]

Hausse (die, -, -n) kräftiges Ansteigen der Börsenkurse [lat.-frz.]

Haute Couture (die, -, nur Ez.) Schneiderkunst; die Modelle von (Pariser) Modeschöpfern [frz.]

Hautevolee (die, -, nur Ez.) „bessere Gesellschaft" [frz.]

Havarie (die, -, -n) Unfallschaden eines Schiffes oder seiner Ladung [arab.-frz.]

Hazienda (die, -, -s) Landgut (in Mittel- oder Südamerika) [span.]

HDTV (das, -s, nur Ez.) hochauflösendes Fernsehen, Abk. für *high definition television* [engl.]

Headhunter (der, -s, -) jmd., der im Auftrag eines Unternehmens Führungskräfte eines anderen Unternehmens abwirbt [engl.]

Headline (die, -, -s) Schlagzeile, Überschrift z. B. in einer Zeitung [engl.]

Headquarter (das, -s, -s) Hauptquartier [engl.]

Hearing (das, -(s), -s) öffentl. Anhörung von Vertretern aller Meinungsgruppen zu einem umstrittenen Thema [engl.]

Hegemonie (die, -, -n) Vormachtstellung eines Staates in der Welt [gr.]

H HELIPORT

Heliport (der, -s, -s) Landeplatz für Hubschrauber (Kurzwort aus *Helikopter* und *Airport*) [gr.-lat.]

Hemisphäre (die, -, -n) Erdhalbkugel [gr.]

Hepatitis (die, -, -tiden) Gelbsucht, Leberentzündung [gr.]

hermetisch dicht verschlossen [gr.]

Heroin (das, -s, nur Ez.) morphines Rauschgift mit sehr starker, süchtig machender Wirkung [gr.]

heroisch heldenhaft [gr.]

Herpes (der, -, nur Ez.) Bläschenausschlag insbesondere am Mund, der durch ein im Körper vorhandenes Virus zeitweise hervorgerufen wird [gr.]

Hertz (kein Artikel, nur Ez.) Einheit der Frequenz [nach Heinrich Rudolf Hertz]

Heterosexualität (die, -, nur Ez.) auf das andere Geschlecht bezogene Sexualität [gr.-lat.]

Hi-Fi (das, -, nur Ez.) 1. möglichst getreue Wiedergabe von Musik 2. Lautsprechersystem für originalgetreue Wiedergabe [engl.]

Hierarchie (die, -, -n) Rangordnung [gr.]

Hieroglyphe (die, -, -n) 1. Zeichen der alten Bilderschrift 2. unleserliche Schrift [gr.]

high rauschhaft begeistert, z. B. nach der Einnahme von Rauschgift; auch durch Erlebnisse hervorgerufene Hochstimmung [engl.]

High Society (die, -, nur Ez.) die vermeintlich vornehme Gesellschaft der „oberen Zehntausend" [engl.]

Highbrow seriöse Zeitung mit besonders gutem Ruf [engl.]

Highlife auch: High Life (das, -, nur Ez.) 1. Leben in der High Society 2. ausgiebiges Feiern (Highlife machen) [engl.]

Highlight (das, -s, -s) glanzvoller Höhepunkt [engl.]

High Noon (der, -s, nur Ez.) hoher Mittag, Spannungselement aus Westernfilmen, deren Höhepunkt, das entscheidende Duell, meist beim höchsten Stand der Sonne stattfindet [engl.]

Hightech (das, -(s), nur Ez.) modernste Technik [engl.]

Hijacker (der, -s, -) Flugzeugentführer [engl.]

Hiobsbotschaft (die, -, -en) Unglücksmeldung

hip gerade sehr modern (Jugendsprache) [engl.]

Historie (die, -, -n) 1. Weltgeschichte 2. Geschichtswissenschaft 3. erdichtete, abenteuerliche Erzählung, Bericht [gr.-lat.]

Hit (der, -s, -s) erfolgreicher Musiktitel [engl.]

HIV-Infektion (die, -, -en) Infektion mit Aidserregern [engl.]

Holding (die, -, -s) Beteiligungsgesellschaft ohne eigene Produktion [engl.]

Holocaust (der, -(s), -s) Völkermord, die Massenvernichtung der Juden unter den Nationalsozialisten [gr.-engl.]

Holografie auch: Holographie (die, -s, -n) ein dreidimensionales Bild, das durch Laserstrahlen erzeugt wird [gr.]

Homebanking auch: Home-Banking (das, -s, nur Ez.) die Verrichtung von Bankgeschäften über einen Internetanschluss von zu Hause aus [engl.]

Homepage (die, -, -s) persönliche Internetseite einer Firma oder Privatperson [engl.]

Homeshopping auch: Home-Shopping (das, -, nur Ez.) das Einkaufen von Waren via Internet [engl.]

Hommage (die, -, -n) Huldigung [lat.-frz.]

HOMOGEN

ℹ️ **homo-** aus dem Griechischen stammende Vorsilbe, die mit *gleich* übersetzt werden kann.

homogen einheitlich, gleichartig [gr.]
homolog übereinstimmend [gr.]
Homöopathie (die, -, nur Ez.) Krankenbehandlung mit stark verdünnten Mitteln, die in höherer Dosierung bei Gesunden ähnliche Krankheitserscheinungen hervorrufen [gr.-lat.]
Homosexualität (die, -, nur Ez.) Liebe unter Menschen gleichen Geschlechts [gr.-lat.]
Homosphäre (die, -, nur Ez.) untere Erdatmosphäre [gr.]
Honeymoon (der, -s, nur Ez.) Flitterwochen [engl.]
Honneurs (nur Mz.) Ehrenbezeigungen, (militärische) Ehrenerweisungen [frz.]
Honorar (das, -s, -e) Vergütung von Leistungen bei freien Berufen [lat.]
Honoratioren (nur Mz.) die angesehenen Bürger [lat.]
honorieren bezahlen, vergüten; anerkennen [frz.]
horizontal waagrecht [gr.]
Hormon (das, -s, -e) von Drüsen gebildeter körpereigener Wirkstoff [gr.]
Horrortrip (der, -s, -s) Drogenrausch mit Angst- und Panikzuständen [lat.-engl.]
Hospital (das, -s, -e oder -äler) 1. Krankenhaus 2. Pflegeheim [lat.]

ℹ️ Unter **Hospitalismus** versteht man seelische und körperliche Veränderungen von Patienten nach langem Krankenhausaufenthalt. Gemeint ist sowohl die Erkrankung durch Krankheitserreger, die im Krankenhaus auftreten, als auch

HYDROKULTUR

die psychische Veränderung der Menschen durch die Klinikatmosphäre. Hospitalismus ist häufig bei Heimkindern zu beobachten.

hospitieren als Gast bei Unterrichtsveranstaltungen zuhören [lat.]

Hospiz (das, -es, -e) christliches, klösterliches Übernachtungsheim [lat.]

Hostess (die, -, -en) Betreuerin bei Messen oder auf Flughäfen [engl.]

Hotline (die, -, -s) Servicedienst über Telefon [engl.]

Hotspot auch: Hot Spot (der, -s, -s) wichtiger bzw. hochinteressanter Ort oder auch Sachverhalt [engl.]

Humanismus (der, -, nur Ez.) Geisteshaltung, die die Würde des Menschen in den Vordergrund des Handelns stellt, gründet sich auf antike Bildungsideale [lat.]

🛈 Im engeren Sinn beschreibt der **Humanismus** die Zeitspanne vom 13. bis zum 16. Jh. in Europa.

Humanität (die, -, nur Ez.) Menschlichkeit, humane Gesinnung [lat.]

Humidität (die, -, nur Ez.) Feuchtigkeit [lat.]

Humus (der, -, nur Ez.) dunkle, fruchtbare Bodenschicht aus abgestorbener organischer Substanz [lat.]

Hurrikan (der, -s, -s oder -e) mittelamerikanischer Wirbelsturm [engl.]

Hybridisation (die, -, -en) Artenkreuzung [lat.]

Hydraulik (die, -, nur Ez.) technisches Gerät, bei dem Kräfte mithilfe des Drucks von Flüssigkeiten erzeugt oder übertragen werden [gr.]

Hydrokultur (die, -, -en) Pflanzenaufzucht in einer Nährlösung [gr.-lat.]

H HYDROPHOBIE

Hydrophobie (die, -, -ien) krankhafte Wasserscheu, Meiden von Wasser [gr.]

Hygiene (die, -, nur Ez.) 1. Wissenschaft von der Gesundheit 2. Gesundheitspflege, -vorsorge, Körperpflege 3. Sauberkeit [gr.-nlat.]

Hygrometer (das, -s, -) Luftfeuchtigkeitsmesser [gr.-lat.]

Hymen (das oder der, -s, -) Jungfernhäutchen [gr.]

Hymne (die, -, -n) Festgesang [gr.]

Hype (der, -s, -s) 1. agressive Werbung 2. Betrug [engl.]

i **hyper-** Vorsilbe aus dem Griechischen, die die Bedeutung *über* hat. *Hyper-* wird leicht mit der ebenfalls aus dem Griechischen stammenden Vorsilbe *hypo-* verwechselt, die allerdings die Bedeutung *unter* hat.

hyperaktiv einen übersteigerten Bewegungsdrang äußernd [gr.-lat.]

Hyperbel (die, -, -n) 1. aus zwei getrennten Ästen bestehende geometrische Kurve, ein Kegelschnitt 2. dichterische Übertreibung [gr.]

Hyperinvolution (die,-, -en) Rückbildung eines Organs [gr.-lat.]

Hyperlink (der, -s, -s) Stelle am Bildschirm, durch deren Anklicken weitere Informationen aufgerufen werden [gr.-engl.]

Hypermedia (die, -, nur Ez.) Text, Bild, Grafik werden netzartig elektronisch verknüpft [gr.-lat.]

Hypertonie (die, -, -n) 1. gesteigerte Muskelspannung 2. erhöhter Blutdruck 3. erhöhte Spannung im Augapfel [gr.]

Hyperventilation (die, -, nur Ez.) zu schnelles und starkes Atmen [gr.-lat.]

Hypnose (die, -, -n) durch Suggestion herbeigeführter Schlafzustand, in dem der Schlafende Befehle des Hypnotiseurs ausführen kann [gr.]

Hypochonder (der, -s, -) eingebildeter Kranker, der sich selbst ständig beobachtet, aus Angst, krank zu werden [gr.]

Hypothek (die, -, -en) zur Sicherung eines Kredits übertragenes Recht an Grund- oder Wohnungseigentum [gr.]

Hypothese (die, -, -n) unbewiesene Annahme in der Wissenschaft, die man bestätigen oder widerlegen will [gr.]

Hysterie (die, -, -n) 1. ein Erregungszustand mit abnormen seelischen und körperlichen Erscheinungen 2. Neigung zu unkontrollierten Gefühlsausbrüchen 3. Überspanntheit, Übererregtheit [gr.]

Iatrochemie (die, -, nur Ez.) chemische Heilkunst (von Paracelsus begründet) [gr.]

Iatrologie (die, -, nur Ez.) Lehre von der Heilkunst der Ärzte [gr.]

ideal 1. vollkommen 2. der Idee entsprechend [gr.-lat.]

ℹ️ Unter Idealismus versteht man das Streben nach der Verwirklichung von Idealen, dem sich auch die eigene Lebensführung unterordnet.

Idee (die, -, -n) Urbild, Leitbild [gr.]

Identifikation (die, -, -en) das Sichhineinversetzen in einen anderen Menschen und seine Ziele [lat.]

Identität (die, -, -en) 1. völlige Übereinstimmung und Gleich-

heit 2. als Selbst erlebte innere Einheit der Person [lat.]
identisch ein und dasselbe [lat.]
ideologie (die, -, -n) 1. Gesamtheit der Denkvorstellungen einer Gesellschaft(-sschicht) 2. politische Theorie, politische Anschauung, auch Weltanschauung einer bestimmten politischen, religiösen oder sozialen Gruppe [gr.]
ideomotorisch unwillentlich, unbewusst ausgeführt [gr.-lat.]
Idol (das, -s, -e) 1. Götzenbild 2. Wunschbild; vergötterter, übermäßig geliebter oder bewunderter Mensch [gr.]
Idyll (das, -s, -e) Zustand oder Bild eines einfachen, friedlichen Lebens [gr.]

> **-ieren** ist eine Wortbildungssilbe, die in der Regel auf ein Verb hinweist, zum Beispiel *kopieren, marschieren*.

Ikone (die, -, -n) Heiligenbild (in der Ostkirche) [gr.]
Ikonoklast (der, -en, -en) „Bilderstürmer", der für die Abschaffung und Zerstörung von Heiligenbildern eintritt [gr.]

> **il-** Vorsilbe, die eine Verneinung ausdrückt; sie stammt aus dem Lateinischen.

illegal gesetzeswidrig, ungesetzlich [lat.]
illimitiert unbeschränkt [lat.]
Illusion (die, -, -en) (schöne) falsche Vorstellung, Selbsttäuschung; trügerische Sinneswahrnehmung; Vortäuschung von Wirklichkeit (in einem Kunststück) [lat.-frz.]

illusorisch 1. trügerisch 2. vergeblich [lat.]

Illustration (die, -, -en) 1. Abbildung (in einem Text, Buch) 2. Erläuterung [lat.]

> ℹ️ **im-** Vorsilbe aus dem Lateinischen, die meist *in* oder *hinein* bedeutet, aber auch eine Verneinung ausdrücken kann. Vor bestimmten Buchstaben ändert sich die Vorsilbe bei beiden Bedeutungen in *in-*.

Image (das, -(s), -s) Vorstellung von einer Person oder Sache [lat.-frz.-engl.]

> ℹ️ **Imagetransfer** ist der Versuch, das positive Image eines Produkts auf ein neues zu übertragen.

imaginär nur in der Vorstellung vorhanden, eingebildet [lat.-frz.]

Imagination (die, -, -en) Einbildungskraft [lat.]

Imitation (die, -, -en) Nachahmung, Nachbildung [lat.]

immanent in einer Sache enthalten [lat.]

Immatrikulation (die, -, -en) Einschreibung an einer Hochschule [lat.]

immens unermesslich, riesig (groß) [lat.]

Immission (die, -, -en) das Einwirken von Schadstoffen auf Menschen, Tiere und Pflanzen [lat.]

Immobilien (nur Mz.) Haus- und Grundbesitz, Grundeigentum [lat.]

immun 1. unempfindlich gegen Ansteckung mit bestimmten Krankheiten 2. vor Strafverfolgung geschützt [lat.]

Immunität (die, -, nur Ez.) 1. das Immunsein 2. Schutz der Abgeordneten vor Strafverfolgung [lat.]

IMMUNKÖRPER

Immunkörper (der, -s, -) Antikörper [lat.]
Impeachment (das, -(s), -s) Präsidentenanklage i. d. USA und Großbritannien wegen schwerer Verfehlungen. Das Impeachment gilt auch für hohe Regierungsbeamte.
imperativ bindend [lat.]

ℹ️ Das in der Bundesrepublik verbotene **imperative Mandat** bindet den Abgeordneten an Parteibeschlüsse.

Imperialismus (der, -, nur Ez.) Streben eines Staates nach Erweiterung seines Machtgebietes [lat.]
Imperium (das, -s, -rien) großes Kaiserreich; Weltreich [lat.]
Impetus (der, -, nur Ez.) starker Antrieb, Schwung, Drang [lat.]
implizieren beinhalten [lat.]

Imponderabilität (die, -, nur Ez.) Unberechenbarkeit [lat.]
Import (der, -(e)s, -e) Wareneinfuhr [lat.]
imposant groß und stattlich, eindrucksvoll [lat.]
Impotenz (die, -, nur Ez.) Unfähigkeit des Mannes zum Vollzug des Geschlechtsverkehrs, Zeugungsunfähigkeit [lat.]
imprägnieren mit einem Schutzmittel tränken und damit widerstandsfähig machen, z. B. Holz, Textilien [lat.]
Impressionismus (der, -, nur Ez.) Kunstrichtung, die Ende des 19. Jhs. in Frankreich entstand [lat.]

ℹ️ Der **Impressionismus** gab die strengen realistischen Formen zugunsten einer subjektiv empfundenen Wirklichkeit, die sich in Farben und Klangbildern ausdrückte, auf.

INDIVIDUALISMUS

Impressum (das, -s, -sen) Vermerk über Copyright, Verlag, Verlagsort, Erscheinungsort usw. (in Büchern, Zeitungen und Zeitschriften) [lat.]

Imprint (das oder der, -s, -s) Verlag, der an einen größeren Verlag angeschlossen ist [lat.]

improvisieren aus einer plötzlichen Eingebung heraus, ohne Vorbereitung handeln, spielen, etwas vortragen, gestalten [lat.]

Impuls (der, -es, -e) 1. plötzlicher Antrieb, Anregung, Anstoß 2. Produkt aus Masse und Geschwindigkeit eines Körpers (in der Physik) [lat.]

in persona selbst, persönlich [lat.]

incorporated eingetragene Gesellschaft oder Körperschaft, die Abkürzung ist Inc. [engl.]

Independenz (die, -, -en) Unabhängigkeit [lat.]

Index (der, -(es), -e oder -dizes) ein alphabetisch geordnetes Verzeichnis (von Namen, Orten, auch von verbotenen Büchern); Messziffer in der Statistik [lat.]

indifferent gleichgültig [lat.]

indigen einheimisch [lat.]

indigniert unangenehm berührt, unwillig [lat.]

Indigo (der oder das, -s, -s) dunkelblauer Farbstoff [gr.-lat.-span.]

Indikation (die, -, -en) nötiger Grund einer bestimmten ärztlichen Behandlung [lat.]

Individualisation (die, -, -en) Betrachtung, Behandlung des Einzelwesens [lat.]

Individualismus (der, -, nur Ez.) Anschauung, die dem Menschen als Einzelwesen mit seinen Bedürfnissen den Vorrang vor der Gemeinschaft gibt [lat.]

INDIVIDUUM

> Ein **Individualist** unterscheidet sich durch seinen eigenwilligen und unabhängigen Lebensstil von den gängigen Normen der Gesellschaft.

Individuum (das, -s, -duen) einzelnes Lebewesen, Einzelwesen, Einzelmensch [lat.]

Indiz (das, -, -ien) Hinweis [lat.]

Indizienprozess (der, -es,-e) Prozess, der nur mit Indizienbeweisen geführt wird [lat.]

indiziert angezeigt, ratsam [lat.]

Indoktrination (die, -, -en) massive Beeinflussung [lat.]

Induktion (die, -, -en) der wissenschaftliche Schluss vom Besonderen auf das Allgemeine [lat.]

> In der Elektrotechnik beschreibt **Induktion** die Erzeugung von Strom durch bewegte Magnetfelder.

ineffizient nicht leistungsfähig, unwirtschaftlich [lat.]

inexakt ungenau [lat.]

infam niederträchtig, gemein [lat.]

infantil in einem kindlichen Stadium zurückgeblieben, kindisch [lat.]

Infarkt (der, -(e)s, -e) Verstopfung von Blutgefäßen [lat.]

Infekt (der, -(e)s, -e) ansteckende Krankheit [lat.]

Infinitum (das, -s, nur Ez.) Unendlichkeit [lat.]

Inflation (die, -, -en) Geldentwertung [lat.]

Inflationsrate (die, -, -n) (jährliche) Preissteigerungsrate [lat.]

Informatik (die, -, nur Ez.) Wissenschaft von der elektronischen Datenverarbeitung [lat.]

INNOVATION

Infotainment (das, -s, nur Ez.) Verbindung von informierenden und zugleich unterhaltenden Beiträgen in Rundfunk und Fernsehen [lat.-engl.]

Infrarot (das, -s, nur Ez.) kurzwellige Wärmestrahlen, die nicht sichtbar sind [lat.]

Infrastruktur (die, -, -en) alle für die Wirtschaft, das Militär und für die Daseinsfürsorge der Bevölkerung notwendigen Einrichtungen und Anlagen (z. B. Krankenhäuser, Verkehrsnetz) [lat.]

Infusion (die, -, -en) Einführung einer größeren Flüssigkeitsmenge mittels Hohlnadel in den Körper [lat.]

Ingredienz (die, -, -en) Bestandteil (einer Mischung, einer Arznei), Zutat [lat.]

inhalieren einatmen [lat.]

inhärent (einer Sache) innewohnend, anhaftend [lat.]

Initiale (die, -, -n) großer Anfangsbuchstabe, Majuskel [lat.]

Initiative (die, -, -n) Handlungsanstoß, Entschlusskraft [lat.]

Injektion (die, -, -en) Einspritzung von Flüssigkeiten in den Körper [lat.]

inklusive einschließlich [lat.]

inkognito unerkannt, unter fremdem Namen [lat.]

inkommensurabel nicht messbar [lat.]

inkompatibel unvereinbar, nicht zusammenpassend [lat.]

inkomplett nicht vollständig [lat.]

Inkubationszeit (die, -, -en) Zeit zwischen Ansteckung und Ausbruch einer Krankheit [lat.]

Inlay (das, -s, -s) gegossene Zahnfüllung (z. B. aus Gold oder Silber) [engl.]

Innovation (die, -, -en) Erneuerung [lat.]

Sprachpurismus

Fremdwörter polarisieren in allen Sprachen. Einerseits werden Entlehnungen leicht angenommen und häufig verwendet, andererseits lösen sie jedoch auch Überfremdungsängste und Abwehrmechanismen aus. Besonders im 19. und frühen 20. Jahrhundert war Fremdwortpurismus, also möglichst eine Eindeutschung aller Fremdwörter durch etymologisch deutsche Wörter, im Deutschen Reich daher auch ein Thema der Politik. Vor dem Hintergrund einer politischen wie kulturellen Hegemonie Frankreichs und den weitreichenden Einflüssen der Industrialisierung versuchte sich die junge deutsche Nation auch auf sprachlichem Feld national abzugrenzen. Begriffe aus dem öffentlichem Leben (Postwesen, Verkehr, Arbeitswelt), der Kultur und Kunst, aber auch aus dem Sport wurden germanisiert. So gehen auf „Turnvater" F. L. Jahn (1778–1852) die sportlichen Fachausdrücke Reck, Hantel, Barren, Rad, Schraube, Wippe, Felge, Welle, Schnelllauf und Wettlauf zurück, die allesamt französische Begriffe ersetzten.

Doch auch schon im Zeitalter der Aufklärung und des Barocks gab es einen deutschen Sprachpurismus. Bis heute bekannt sind die Eindeutschungsversuche des Barockgelehrten und Schriftstellers Philipp von Zesen. Nach wie vor Bestandteil der deutschen Sprache und somit erfolgreiche Neuschöpfungen von Zesens sind beispielsweise folgende Wörter: Ableitung (anstelle von Derivation), Abstand (Distanz), Angelpunkt (Pol), Anschrift (Adresse), Augenblick (Moment), Ausflug (Exkursion), Beifügung

(Apposition), Beistrich (Komma), Besprechung (Rezension), Blutzeuge (Märtyrer), Bücherei (Bibliothek), Emporkömmling (Parvenü), Entwurf (Projekt), Farbgebung (Kolorit), Freistaat (Republik), Gesichtskreis (Horizont), Glaubensbekenntnis (Credo), Gotteshaus (Tempel), Grundstein (Fundament), Kerbtier (Insekt), Kreislauf (Zirkulation), Leidenschaft (Passion), Letzter Wille (Testament), Mundart (Dialekt), Nachruf (Nekrolog), Rechtschreibung (Orthografie), Sinngedicht (Epigramm), Sterblichkeit (Mortalität), Verfasser (Autor), Vollmacht (Plenipotenz), Wahlspruch (Devise), Weltall (Universum).

Andere Fremdwortübersetzungen von Zesens haben sich nicht in der Sprachgemeinschaft durchgesetzt und wirken heute kurios, z. B.: Blitzfeuererregung (für Elektrizität), Dörrleiche (Mumie), Entgliederer (Anatom), Erzvater (Papst), Gottestum (Religion), Jungfernzwinger (Kloster), Kirchentisch (Altar), klägeln (querulieren), Krautbeschreiber (Botaniker), Leuthold (Patriot), Lotterbett (Sofa), Lusthöhle (Grotte), Lustkind (Amor), Meuchelpuffer (Pistole), Schalksernst (Ironie), Scheidekunst (Chemie), Spitzgebäude (Pyramide), Spottnachbildung (Parodie), Tageleuchter (Fenster), Weiberhof (Harem), Zeugemutter (Natur).

Der von Zesen häufig zugeschriebene „Gesichtserker" (anstelle von Nase) ist allerdings keine Wortschöpfung von ihm, sondern eine verballhornende Erfindung seiner Kritiker.

INOKULATION

Inokulation (die, -, -en) Impfung, in der Botanik: Einimpfung [lat.]

Input (der, -s, -s) das, was man an Daten in eine Rechenanlage eingibt [engl.]

ℹ️ In der Wirtschaft versteht man unter **Input** die eingesetzten Produktionsmittel.

Inserat (das, -(e)s, -e) Anzeige (in einer Zeitung, Zeitschrift) [lat.]

Insider (der, -s, -) jmd., der in eine Angelegenheit eingeweiht ist, der in einem Bereich die Verhältnisse und Vorgänge kennt [engl.]

insistieren (auf etwas) bestehen, beharren [lat.]

insolvent zahlungsunfähig [lat.]

Inspiration (die, -, -en) schöpferischer Einfall, Erleuchtung [lat.]

instabil unsicher, nicht stabil [lat.]

Installation (die, -, -en) 1. Einbau von Gas- und Wasserleitungen sowie Heizungen 2. Anordnung von Gegenständen, mit der eine bestimmte Wirkung erzielt werden soll (in der Kunst) 3. Einweisung (in ein geistliches Amt) [lat.]

instant sofort; sofort löslich [engl.]

Instanz (die, -, -en) zuständige Stelle [lat.]

ℹ️ Bei Prozessen ist die **erste Instanz** das zunächst zuständige Gericht, dessen Urteil in **zweiter Instanz** aufgehoben werden kann.

Instinkt (der, -(e)s, -e) angeborenes Verhalten, Gespür und Reaktion in einer bestimmten Situation [lat.]

Institution (die, -, -en) öffentliche Einrichtung [lat.]

Instrument (das, (e)-s, -e) 1. feines Werkzeug 2. Gerät zum Musizieren [lat.]

Insulin (das, -s, nur Ez.) 1. Bauchspeicheldrüsenhormon 2. Medikament für Diabetiker [lat.]

Inszenierung (die, -, -en) künstlerische Gestaltung eines Stücks für Bühne, Film oder Fernsehen [lat.]

integer unbestechlich, unangreifbar [lat.]

Integralrechnung (die, -, nur Ez.) Gebiet der Infinitesimalrechnung [lat.]

Integration (die, -, nur Ez.) Eingliederung, z. B. der Gastarbeiter in unsere Gesellschaft [lat.]

intellektuell verstandesgemäß [lat.]

i Ein **Intellektueller** ist fähig, durch selbstständiges Denken zu neuen Erkenntnissen zu kommen und sich kritisch mit einer Sache auseinanderzusetzen.

Intelligenz (die, -, nur Ez.) geistige Fähigkeit, Klugheit, gutes Denkvermögen, Abstraktionsvermögen [lat.]

Intelligenzquotient (der, -en, -en) statistischer Wert für die allgemeine intellektuelle Leistungsfähigkeit, der mithilfe spezieller Tests gemessen wird; abgekürzt: IQ [lat.]

Intendant (der, -en, -en) Leiter eines Theaters, einer Rundfunk- oder Fernsehanstalt [lat.]

Intention (die, -, -en) Absicht, Vorhaben [lat.]

intentionell zielgerichtet, zweckbestimmt [lat.]

Interaktion (die, -, -en) Handeln von mehreren Personen, das sich aufeinander bezieht [lat.]

interaktiv wechselseitig vorgehend, handelnd [lat.]

INTERDISZIPLINÄR

interdisziplinär mehrere Arbeitsbereiche betreffend [lat.]
Interface (das, -, -s) Schnittstelle zwischen Computern, Programmen, Schaltkreisen oder Geräten [lat.-engl.]
Interferenz (die, -, -en) Überlagerung, z. B. von Wellen [lat.]
Interim (das, -s, -s) 1. Übergangsregelung 2. Zwischenzeit [lat.]
interkontinental über Kontinente hinwegreichend [lat.]

> Eine **Interkontinentalrakete** ist eine Rakete, die z. B. vom amerikanischen oder sowjetischen Festland auf einen anderen Kontinent geschossen werden kann.

intern innerlich, in einer Sache drinnen [lat.]
international weltoffen; verschiedene Nationen betreffend [lat.]

Internet (das, -s, nur Ez.) internationales Computernetz, das man mit dem PC über die Telefonleitung erreicht [engl.]

> In einem **Internetcafé** stehen mehrere Computerterminals, mit denen man im Internet surfen kann.

Interpol (die, -, nur Ez.) internationale Koordinationsstelle der Polizei, die sich um die länderübergreifende Verbrechensbekämpfung bemüht
Interpretation (die, -, -en) Ausdeutung, Auslegung, Erklärung [lat.]
Interpunktion (die, -, nur Ez.) Anwendung von Satzzeichen, Zeichensetzung [lat.]
Interruption (die, -, -en) Unterbrechung [lat.]

> Der **coitus interruptus** ist der unterbrochene Geschlechtsverkehr als (un-

taugliches) Mittel zur Empfängnisverhütung.

Intervall (das, -s, -e) 1. zeitlicher Abstand, Pause 2. Abstand zwischen zwei Tönen [lat.]

Intervention (die, -, -en) Einmischung eines Staates in die Angelegenheiten eines anderen Staates auf militärischem, politischem, wirtschaftlichem Weg [lat.]

ℹ️ Auf dem Geldmarkt **intervenieren** die Staatsbanken bisweilen, um den Wechselkurs einer Währung zu beeinflussen.

Interview (das, -s, -s) Befragung durch Journalisten oder Sozialforscher [lat.-frz.-engl.]

intim eng vertraut [lat.]

Intranet (das, -s, nur Ez.) internes Computernetzwerk eines Unternehmens, das wie das Internet aufgebaut ist [lat.]

Intrige (die, -, -n) Handlung, bei der jmd. gegen einen anderen ausgespielt wird [lat.]

introvertiert mehr auf das eigene Seelenleben als auf die Außenwelt konzentriert [lat.]

Intuition (die, -, -en) Erkennen eines Sachverhalts vom Gefühl her, ohne Überlegung [lat.]

invalide dauernd arbeitsunfähig [lat.]

Invasion (die, -, -en) Besetzung eines fremden Gebiets durch feindliche Truppen [lat.]

Inversion (die, -, -en) 1. Umkehrung, z. B. der Wortstellung 2. plötzlicher, sprunghafter Anstieg der Lufttemperatur in hochgelegenen Sperrschichten [lat.]

Investigation (die, -, -en) Untersuchung [lat.]

INVESTITION

ℹ️ **Investigativer Journalismus** ist anwaltschaftlicher Journalismus, der nicht nur erhaltene Nachrichten weitergibt, sondern selbst versucht, Hintergründe aufzudecken.

Investition (die, -, -en) Kauf von Anlagegütern, die auch zur Produktion von Konsumgütern dienen [lat.]

Investmentfonds (der, -, -) Fonds, in dem verschiedenartige Wertpapiere ge- und verkauft werden [lat.-frz.]

Inzest (der, -(e)s, -e) der Geschlechtsverkehr zwischen Geschwistern oder Eltern und Kindern [lat.]

Ion (das, -s, -e) elektrisch geladenes Teilchen [gr.]

irrelevant unbedeutend, unerheblich, unwichtig [lat.]

Irritation (die, -, -en) Erregung, Reizung, Verunsicherung [lat.]

Ischias (der, das oder die, -, nur Ez.) anfallartige Hüftschmerzen [gr.-lat.]

ISDN (das, -, nur Ez.) Abkürzung für *integrated services digital network*: schnelles Kommunikationsnetz

Islam (der, -, nur Ez.) von Mohammed am Anfang des 7. Jhs. verkündete Religion [arab.]

ℹ️ Dem **Islam** gehören in den beiden Hauptkonfessionen der Schiiten und Sunniten über 500 Millionen Menschen an. Er ist hauptsächlich in Asien und Afrika beheimatet.

Isolation (die, -, -en) Absonderung, z. B. von Patienten mit ansteckenden Krankheiten [lat.]

Iteration (die, -, -en) Verdoppelung von Silben und Wörtern [lat.]

J

Jahwe (der, -s, nur Ez.) Gottes Name im Alten Testament [hebr.]

Januskopf (der, -(e)s, -köpfe) Kopf mit zwei Gesichtern, die in entgegengesetzte Richtungen schauen [lat.-dt.]

Jargon (der, -s, -s) Umgangssprache von bestimmten sozialen Gruppen [frz.]

Jazz (der, -, nur Ez.) aus der Volksmusik der schwarzen Bevölkerung Nordamerikas entstandener Musikstil [engl.]

Jehova = Jahwe [hebr.]

Jeschiwa (die, -, -s) Talmudschule für jüdische Gelehrte [hebr.]

Jet (der, -s, -s) Düsenflugzeug [engl.]

Jetlag (der, -s, -s) Unwohlsein aufgrund eines Fluges über mehrere Zeitzonen [engl.]

Jingle (der, -s, -s) einprägsame, kurze Werbemusik [engl.]

Jiu-Jitsu (das, -, nur Ez.) japanische Kunst der Selbstverteidigung ohne Waffen [engl.]

Jobsharing (das, -(s), nur Ez.) Aufteilung eines Vollzeitarbeitsplatzes auf zwei Personen [engl.]

Jobrotation (die, -, nur Ez.) Durchlaufen von verschiedenen Arbeitsplätzen in einer Firma mit dem Ziel, möglichst rasch vielfältige Erfahrungen zu gewinnen [engl.-lat.]

Joint (der, -s, -s) selbst gedrehte Haschischzigarette [engl.]

Joint Venture (das, - -(s), - -s) gemeinsames Projekt mehrerer Unternehmen, das ein Unternehmen allein nicht bewältigen könnte [engl.]

Jour fixe (der, - -, -s -s) regelmäßiges Treffen an einem be-

JOURNALIST

stimmten Tag in der Woche [frz.]

Journalist (der, -en, -en) jmd., der für Zeitungen, Zeitschriften, Funk oder Fernsehen arbeitet und Artikel verfasst [frz.]

Jumbo (der, -s, -s) Großraumflugzeug [engl.]

Juniorchef (der, -s, -s) mitarbeitender Sohn des Chefs eines Unternehmens [lat.]

Junkfood (das, -, nur Ez.) kalorienhaltige Nahrung ohne hohen Nährwert, z. B. Süßigkeiten, Pommes frites [engl.]

Junkie (der, -s, -s) Rauschgiftsüchtiger [engl.]

Jury (die, -, -s) Ausschuss von Sachverständigen, die über etwas entscheiden [frz.]

justieren auf ein genaues Maß, die größtmögliche Schärfe einstellen, z. B. eine Waage, ein Fernglas justieren [lat.]

Justiz (die, -, nur Ez.) 1. das Rechtswesen 2. Behörden des Rechtswesens [lat.]

Justiziar auch: Justitiar (der, -s, -e) für alle rechtlichen Angelegenheiten eines Betriebes zuständiger Mitarbeiter [lat.]

K

Kabarett (das, -s, -e) kritisch-satirische Kleinkunstbühne [frz.]

Kabinett (das, -s, -e) Ministerrunde [frz.]

Kadaver (der, -s, -) toter verwesender Körper eines Tieres [lat.]

Kadenz (die, -, -en) 1. abschließende Akkordfolge; verzierende Wiederholung des Themas durch den Solisten (im Instrumentalkonzert) 2. Art des Schlusses (beim Vers z. B. der Reim) [it.]

KAPITAL K

Kader (der, -s, -) Gruppe von leitenden Personen; Gruppe ideologisch geschulter Führungskräfte; erfahrene Stamm-, Kerntruppe [frz.]

Kajüte (die, -, -n) Raum im Inneren eines Schiffes [niederd.]

Kaliber (das, -s, -) Geschossdurchmesser [arab.-frz.]

Kalauer (der, -s, -) Wortspiel; wenig geistreicher Witz, der meist auf Wortverdrehungen und -umdeutungen beruht [frz.]

Kalkül (das od. der, -s, -e) Rechnung, Berechnung, Überlegung [frz.]

Kalkulation (die, -, -en) vorläufige Kostenberechnung [lat.]

Kalorik (die, -, nur Ez.) Wärmelehre [lat.]

kankrös auch: *kanzerös* krebsartig (in der Medizin) [lat.-gr.]

Kannibale (der, -n, -n) Menschenfresser [frz.-nlat.]

Kanonisation (die, -, -en) 1. Heiligsprechung (eines bereits verstorbenen) Menschen 2. Aufnahme in den Kanon, das Verzeichnis der Heiligen [gr.-lat.]

Kanossagang (der, -s, -gänge) demütigender Bittgang [it.-dt.]

kanzerogen krebserzeugend, meint dasselbe wie *karzinogen* [lat.-gr.]

Kanzlei (die, -, -en) Büro eines Rechtsanwalts, einer Behörde oder einer ähnlichen Institution [lat.]

kapillar 1. die Haare bzw. Blutgefäße betreffend 2. sehr fein, eng [lat.]

Kapital (das, -s, -e oder -ien) all diejenigen Geld- und Sachmittel eines Unternehmens, die für eine gewinnträchtige Produktion zur Verfügung stehen [lat.-it.]

K KAPITALISMUS

i Unter **Kapitalflucht** versteht man das Beiseiteschaffen von Kapital ins Ausland aus politischen, wirtschaftlichen oder steuerlichen Gründen.

Kapitalismus (der, -, nur Ez.) in seiner reinen Form ist er ein Wirtschaftssystem, das auf dem Gewinnstreben freier Unternehmen basiert und bei dem die Arbeiter weder Anteil noch Mitspracherecht an den Produktionsmitteln haben [lat.]

Kapitalverbrechen (das, -s, -) besonders schweres Verbrechen wie Mord oder Totschlag [lat.-dt.]

Kapitulation (die, -, -en) das Kapitulieren, Aufgeben, Sichdemfeindergeben [lat.]

Karat (das, -s, -) Gewichtseinheit für Edelsteine, Maß für die Feinheit von Goldlegierungen [gr.-frz.]

Kardiogramm grafische Darstellung der Herzbewegungen [gr.]

Kardiologie (die, -, nur Ez.) Wissenschaft vom Herzen und den damit verbundenen Herzerkrankungen [gr.]

Karenz (die, -, -en) 1. Wartezeit, Sperrfrist 2. Verzicht (auf bestimmte Nahrungsmittel) [lat.]

Karies (die, -, nur Ez.) Zahnverfall, Zahnfäule [lat.]

Karikatur (die, -, -en) Spottzeichnung einer Person oder Sache als satirischer Kommentar [lat.-it.]

Karma (das, -, nur Ez.) Glaubenssatz ostasiatischer Religionen wie des Buddhismus, der besagt, dass das Leben nach dem Tod vom Leben vor dem Tod bestimmt wird [sanskr.]

Kartell (das, -s, -e) grundsätzlich durch das Kartellamt zustimmungsbedürftiger Zusammenschluss von wirtschaftlich selbstständigen Unternehmen mit dem Ziel, einen Markt unter sich aufzuteilen und Preisabsprachen zu treffen [it.-frz.]

Kartometer (das, -s, -) Kurvenmesser [gr.-lat.]

Kartometrie (die, -, nur Ez.) Flächen-, Längen- und Winkelmessung auf Landkarten [gr.-lat.]

Karzinom (das, -s, -e) Krebsgeschwulst [gr.]

Kasino (das, -s, -s) 1. Haus für gesellige Zusammenkünfte, Speiseraum (z. B. für Offiziere oder in Betrieben) 2. Unternehmen für Glücksspiele [it.]

Kassageschäft (das, -(e)s, -e) Abschluss eines Börsengeschäfts, das sofort oder kurzfristig erfüllt werden soll [lat.-dt.]

Kaste (die, -, -n) abgeschlossene Gesellschaftsschicht in Indien [span.]

kastrieren Entfernung der Hoden oder Eierstöcke, um Menschen oder Tiere unfruchtbar zu machen [lat.]

Katakombe (die, -, -n) unterirdische Begräbnisstätte [gr.]

Katalysator (der, -s, -en) Stoff, der chemische Reaktionen beeinflusst, sich dabei aber selbst nicht verändert [gr.]

Kategorie (die, -, -n) Gruppe, in die etwas eingeordnet wird [gr.]

Katharsis (die, -, nur Ez.) seelische Reinigung, Läuterung [gr.]

Katheter (der, -s, -) Röhrchen, wird zum Entleeren oder Untersuchen in Körperorgane eingeführt [gr.]

Kathode auch: Katode (die, -, -n) negative Elektrode [gr.-engl.]

ℹ Ein **Kathodenstrahl** ist ein Strahl, der durch das

Passieren von Elektronen durch verdünnte Gase erzeugt wird.

kausal den Zusammenhang zwischen Ursache und Wirkung betreffend [lat.]

Kaution (die, -, -en) Sicherheitsleistung für die Wohnungsmiete oder die Freilassung eines Untersuchungshäftlings bis zum Urteil [lat.]

Kavität (die, -, -en) Hohlraum, Höhlung [lat.]

Key-Account-Management (das, -s, nur Ez.) Managementform, die besonders auf die Zusammenarbeit mit Großkunden und den frühzeitigen Miteinbezug ihrer wirtschaftlichen Bedürfnisse abzielt [engl.]

KG Abkürzung für *Kommanditgesellschaft*

Kilobyte (das, -(s), -(s)) Einheit für die Speicherkapazität einer EDV-Anlage, Abkürzung: *kByte* o. *KByte* [gr.-engl.]

Kinästhesie (die, -, nur Ez.) Bewegungsempfindung, Steuerung und Kontrolle der eigenen körperlichen Bewegung [gr.-nlat.]

Kinästhetik (die, -, nur Ez.) Lehre von der Bewegungsempfindung [gr.-nlat.]

Kinemathek (die, -, -en) Filmsammlung bedeutender Werke [gr.]

Kinesiologie (die, -, nur Ez.) Bewegungslehre, Erforschung der Bewegung, des Bewegungsapparats und seiner Steuerung [gr.]

kinetisch bewegend, auf die Bewegung bezogen [gr.]

Klassement (das, -s, -s oder -e) Einteilung; Ordnung; Rangliste (im Sport) [frz.]

Klassik (die, -, nur Ez.) 1. Kultur der Antike im römischen und griechischen Reich 2. Epoche, die sich die Kultur der Antike zum Vorbild genommen hat [lat.]

Klassizismus (der, -, nur Ez.) europ. Kunststil von etwa 1770–1830 [lat.]

Klausel (die, -, -n) Vorbehalt in einem Vertrag [lat.]

Klaustrophobie (die, -, nur Ez.) krankhafte Angst vor dem Eingesperrtsein [gr.]

Klausur (die, -, -en) abgeschlossener Bereich in einem Kloster [lat.]

> Eine **Klausurarbeit** ist eine schriftliche Prüfung unter Aufsicht. Unter **Klausurtagung** versteht man eine nicht öffentliche Tagung.

Kleptomanie (die, -, nur Ez.) jmd., der krankhaft stiehlt, ohne sich bereichern zu wollen [gr.]

klerikal zur kath. Geistlichkeit gehörend oder deren Standpunkt vertretend [lat.]

Klient (der, -en, -en) Kunde von best. freiberuflich tätigen Personen, z. B. eines Rechtsanwalts [lat.]

Klimakterium (das, -s, -rien) Wechseljahre der Frau [gr.-nlat.]

Klimax (die, -, -e) Höhepunkt [gr.]

Klischee (das, -s, -s) nichtssagende Nachahmung, abgegriffener, zu oft gebrauchter Ausdruck [frz.]

Klitoris (die, -, - oder -rides) weibliches Geschlechtsorgan, das am oberen Ende zwischen den beiden äußeren Schamlippen sitzt [gr.]

klonen ungeschlechtliches Fortpflanzen, künstliche Erzeugung von genetisch identischen Lebewesen durch Genmanipulation [gr.]

> **ko-** Vorsilbe aus dem Lateinischen, die *mit* oder *gemeinsam* bedeutet. Sie

tritt bei Substantiven und Adjektiven auch in den Schreibweisen *kol-*, *kom-* und *kon-* auf.

Koalition (die, -, -en) Bündnis mehrerer Parteien zur Bildung einer Regierung [lat.]

Kodex auch: Codex (der, -, -e oder -dizes) Gesetzessammlung [lat.]

Koexistenz (die, -, nur Ez.) das Nebeneinander von politischen, gesellschaftlichen oder religiösen Gruppen und Systemen [lat.]

kognitiv die Erkenntnis betreffend [lat.]

Kohärenz (die, -, -en) Zusammenhang [lat.]

Kohlendioxid auch: Kohlenstoffdioxyd (das, -s, nur Ez.) farbloses, nicht brennbares Gas, CO_2 [dt.-gr.-nlat.]

Koitus (der, -, - oder -se) Geschlechtsverkehr [lat.]

Kokain (das, -s, nur Ez.) Rauschgift aus den Blättern des Kokastrauches [indian.-span.-nlat.]

Kolani auch: Colani (der, -s, -s) dunkelblaues hüftlanges Jackett aus dunklem Wollstoff, das bei der Marine getragen wird [frz.]

Kolik (die, -, -en) krampfartiger, besonders heftiger Leibschmerz [gr.]

Kollaborateur (der, -s, -e) jmd., der mit feindlichen Besatzungstruppen zusammenarbeitet [lat.-frz.]

kollektiv gemeinschaftlich, umfassend, gruppenweise [lat.]

Kolonie (die, -, -n) 1. Lebensgebiet eines Volkes, das von einem fremden Staat politisch und wirtschaftlich abhängig ist 2. Siedlung, Lager [lat.]

Koma (das, -s, -s oder -ta) tiefe Bewusstlosigkeit [gr.]

Komitee (das, -s, -s) Gruppe von Personen, die mit Aufgaben für einen bestimmten Zweck betraut sind [frz.]

Kommanditgesellschaft (die, -, -en) Handelsgesellschaft, bei der mindestens ein Gesellschafter auch mit seinem Privatvermögen haftet [lat.-dt.]

Kommission (die, -, -en) Ausschuss [lat.]

Kommissionsgeschäft (das, -(e)s, -e) Geschäft im eigenen Namen für fremde Rechnung [lat.-dt.]

Kommunalpolitik (die, -, nur Ez.) Politik eines Gemeinderats oder Stadtrats im Rahmen der ihm übertragenen Aufgaben [lat.-gr.]

Kommunikation (die, -, nur Ez.) Verständigung, Vermittlung von Inhalten und Wissen aller Art, Gedanken- oder Meinungsaustausch [lat.]

Kommuniqué auch: Kommunikee (das, -s, -s) amtliche Verlautbarung [frz.]

Kommunismus (der, -, nur Ez.) von Karl Marx entwickelte Gesellschafts- und Wirtschaftsordnung, in der es nur noch gesellschaftlichen Besitz geben soll und in der alle sozialen Gegensätze aufgehoben sind [lat.]

Komparatistik (die, -, nur Ez.) vergleichende Literatur- oder Sprachwissenschaft [lat.]

kompatibel zusammenpassend, vereinbar [lat.-frz.]

Kompatibilität (die, -, nur Ez.) 1. Verknüpfbarkeit, z. B. von Computerteilen 2. Verträglichkeit, z. B. bei Medikamenten [lat.-frz.]

Kompensation (die, -, -en) Ausgleich, Aufhebung von Wirkungen [lat.]

Komplex (der, -es, -e) 1. das Verbinden von einzelnen Teilen zu einem Ganzen 2. Gebiet, Bereich 3. Gruppe, Gebäudeblock 4. chemische Vereinigung mehrerer Atome zu einer Gruppe

Komplikation (die, -, -en) 1. Erschwernis, Schwierigkeit 2. unerwartetes Auftreten von Problemen, etwa im Krankheitsfall [lat.]

Komplott (das, -s, -e) Verabredung zu einer heimlichen Handlung [frz.]

Kompromiss (der, -es, -e) Einigung durch gegenseitige Zugeständnisse [lat.]

Kondensation (die, -, nur Ez.) Verdichtung von Gas zu Flüssigkeit

Kondensationspunkt (der, -(e)s, nur Ez.) vom Druck abhängiger Punkt der Temperaturskala, bei dem ein Stoff vom gasförmigen in den flüssigen Zustand übergeht [lat.]

Kondition (die, -, -en) körperliche Leistungsfähigkeit (nur Ez.); Bedingung [lat.]

ℹ️ Konditionstraining ist ein allgemeines sportliches Training zur Entwicklung und Verbesserung von körperlicher Fitness.

Konditionierung (die, -, nur Ez.) Anlernen von bestimmten Reaktionen bei Versuchspersonen oder -tieren, die bei einem bestimmten Auslösereiz automatisch gezeigt werden [lat.]

Konfession (die, -, -en) Glaubensgemeinschaft [lat.]

Konfessionsschule (die, -, -n) Bekenntnisschule; Schule mit Schülern und Lehrern gleicher Konfession [lat.]

konform übereinstimmend [lat.]

Konfrontation (die, -, -en) Aufeinanderprallen von zwei gegensätzlichen Meinungen oder Gruppen [lat.]

Konfuzianismus (der, -, nur Ez.) Staats- und Sittenlehre des chinesischen Philosophen Konfuzius [lat.]

kongruent übereinstimmend, überdeckend [lat.]

konjugieren Verben nach der entsprechenden Person, Zeit etc. abwandeln [lat.]

Konjunktur (die, -, -en) Geschäftslage, Wirtschaftslage [lat.]

konkav nach innen gewölbt, z. B. Hohlspiegel oder Brillengläser [lat.]

Konklave (die, -, -n) Versammlung der Kardinäle zur Wahl eines neuen Papstes

konkret greifbar, gegenständlich [lat.]

Konkurrent (der, -en, -en) Wettbewerbsgegner, Rivale [lat.]

Konkurs (der, -es, -e) Zahlungsunfähigkeit [lat.]

Konnotation (die, -, -en) mit einem Wort verbundene zusätzliche Vorstellung, Begriffsinhalt [lat.]

Konsens (der, -es, -e) Übereinstimmung [lat.]

konsequent grundsatztreu, folgerichtig [lat.]

Konservatismus (der, -, nur Ez.) Weltanschauung, die das Überlieferte und Bestehende erhalten will [lat.]

Konservatorium (das, -s, -rien) Musikfachhochschule [lat.]

Konsolidierung (die, -, -en) 1. Festigung, Sicherung eines Unternehmens 2. Umwandlung kurzfristiger Staatsschulden in Anleihen [lat.]

Konsonant (der, -en, -en) Mitlaut, z. B. b, c, d, im Gegensatz zum Vokal: a, o, e ... [lat.]

Konsortium (das, -s, -tien) loser vorübergehender Zusammenschluss von Unternehmen, um das insgesamt hohe Risiko in einem bestimmten Geschäft für das einzelne Unternehmen möglichst gering zu halten [lat.]

konspirativ verschwörerisch [lat.]

Konstituente (die, -, -n) ein Element einer größeren sprachlichen Einheit [lat.]

Konstitution (die, -, -en) 1. körperliche Verfassung 2. (gesetzliche) Verfassung eines Staates [lat.]

Konsul (der, -s, -n) ständiger Vertreter eines Staates im Ausland mit bestimmten Aufgaben, meist auf wirtschaftlichem Gebiet [lat.]

Kontagiosität (die, -, nur Ez.) Höhe der Ansteckungsgefahr einer Krankheit [lat.]

Kontamination (die, -, nur Ez.) Verseuchung durch meist radioaktive Stoffe [lat.]

Konter (der, -s, -) Gegenschlag [lat.-frz.-engl.]

konteragieren gegen jemanden oder etwas handeln [lat.]

Kontext (der, -(e)s, -e) 1. Text, der ein Wort umgibt und durch den der Sinn des Wortes erst deutlich wird 2. Zusammenhang, in dem eine Äußerung steht [engl.]

Kontinentaldrift (die, -, -en) langzeitige, kontinentweite Auf- oder Abwärtsbewegung der Erdkruste, Epirogenese [lat.-dt.]

Kontinentalklima (das, -s, -mata) Klima im Inneren eines Kontinents mit starken Temperaturschwankungen [lat.-gr.]

kontinuierlich fortlaufend [lat.]

Konto (das, -s, -ten) Buchführung von geschäftlichen Geldbewegungen in einer regelmäßigen Abrechnung [lat.-it.]

Kontravention (die, -, -en) Zuwiderhandlung, Übertretung z. B. eines Gesetzes [lat.]

KORRELATION K

Kontrazeption (die, -, nur Ez.) Empfängnisverhütung [lat.]

Konvention (die, -, -en) völkerrechtliches Abkommen [lat.]

ℹ️ Als **Konvention** werden auch ungeschriebene Verhaltensregeln der Gesellschaft bezeichnet.

konvergent übereinstimmend [lat.]

konvergierend zusammenlaufend [lat.]

Konversation (die, -, -en) Unterhaltung [lat.]

ℹ️ Oft ist die **Konversation** ein höfliches, meist belangloses Gespräch aus einer gesellschaftlichen Verpflichtung heraus.

Konvertibilität (die, -, -en) auch Konvertierbarkeit; Möglichkeit des freien Austauschs von Währungen zum jeweiligen Wechselkurs [lat.-frz.]

konvex nach außen gewölbt [lat.]

konzentrisch einen gemeinsamen Mittelpunkt habend [lat.]

Konzept (das, -(e)s, -e) Entwurf, Plan [lat.]

Konzern (der, -s, -e) wirtschaftlicher Zusammenschluss von Unternehmen, die ihre rechtliche Selbstständigkeit behalten

Konzession (die, -, -en) behördliche Genehmigung [lat.]

Konzil (das, -s, -ien) Versammlung der höchsten Vertreter der katholischen Kirche [lat.]

Koproduktion (die, -, -en) Zusammenarbeit zur gemeinsamen Herstellung einer Ware [lat.-frz.]

Korrelation (die, -, -en) Zusammenhang von statistischen Ergebnissen [lat.]

K KORRESPONDENT

Korrespondent (der, -en, -en) Journalist, der Berichte aus dem Ausland liefert [lat.]

Korruption (die, -, -en) Bestechlichkeit [lat.]

Kosmonaut (der, -en, -en) Raumfahrer (v. a. in Russland) [gr.-russ.]

Kosmopolit (der, -en, -en) Weltbürger, der sich selbst nicht als Angehöriger eines bestimmten Staates sieht [gr.]

Kreation (die, -, -en) Modeschöpfung, Schöpfung [frz.]

> ℹ️ **Kreative Menschen** sprühen förmlich vor Ideen. **Kreativität** ist die Schaffenskraft, der schöpferische Einfallsreichtum.

Kredit (der, -(e)s, -e) fremdes Geld, das einer Person oder einem Unternehmen längerfristig geliehen wird [lat.]

Kriterium (das, -s, -rien) kennzeichnendes, unterscheidendes Merkmal, Prüfstein [lat.]

Kryophyt (der, -en, -en) Pflanze, die in oder unter Schnee und Eis existieren kann [gr.]

Kulminationspunkt (der, -(e)s, -e) höchster oder tiefster Punkt, den die Sonne erreicht [lat.-dt.]

Kult (der, -(e)s, -e) Verehrung einer Person oder Gottheit; fester Ablauf bei religiösen Feiern [lat.]

kultivieren 1. anbaufähig machen 2. veredeln 3. verfeinern [lat.]

Kultur (die, -, -en) alles, was ein Volk an schöpferischen Leistungen wie Ideen, Kunst, Politik usw. hervorbringt [lat.]

Kuriatstimme (die, -, -en) Gesamtstimme mehrerer Stimmberechtigter [lat.-dt.]

LAST-MINUTE-REISE

Kybernetik (die, -, nur Ez.) die wissenschaftliche Untersuchung der Steuerungs- und Regelungsvorgänge in Maschinen, Organismen und sozialen Systemen [gr.]

L

L'art pour l'art die Kunst, die nur der Kunst dient und sich schöngeistig ohne gesellschaftspol. Anspruch gibt [frz.]
Label (das, -s, -s) Etikett einer Firma [engl.]
labil schwankend, unsicher, leicht beeinflussbar [lat.]
Laboratorium (das, -s, -rien) (Kurzform: Labor) Arbeitsstätte für naturwissenschaftliche Forschungen und Untersuchungen [lat.]
Laie (der, -n, -n) Nichtfachmann, der sich mit einer Sache nur als Interessierter befasst [lat.]

Laisser-faire (das, -, nur Ez.) das Gewährenlassen ohne ordnenden Eingriff [frz.]
lakonisch einsilbig, wortkarg [gr.]
Laminat (das, -(e)s, nur Ez.) Schichtpressstoff für witterungs- und chemikalienbeständige Beschichtung [lat.]
Langage (die, -, nur Ez.) die Sprach- und Sprechfähigkeit des Menschen [frz.]
lapidar kurz, ohne nähere Erklärung [lat.]
Lapsus (der, -, -) Versehen, kleiner Fehler [lat.]
Laser (der, -s, -) Lichtverstärkung durch Strahlenbündelung [engl.]
Laserdrucker (der, -s, -) Druckgerät für Computer, bei dem der Ausdruck mithilfe von Laserstrahlen übertragen wird [engl.-dt.]
Last-Minute-Reise kurzfristig angetretene, verbilligte Reise [engl.]

Fremdwörter als Epochenspiegel

Sprachen übernehmen Wörter aus anderen Sprachen, um damit etwas zu bezeichnen, was der eigenen Sprachgemeinschaft zum Zeitpunkt der Entlehnung wichtig ist. Mit Fremdwörtern lassen sich also Dinge benennen, für die das vorhandene Sprachinventar keine geeigneten Begriffe zur Verfügung hat. Führt man sich außerdem vor Augen, aus welcher Quellsprache die übernommenen Begriffe stammen, so kann man daraus Rückschlüsse ziehen, welche Kultur zur Zeit der Entlehnung vorherrschend war. Fremdwörter geben also Aufschluss über kulturgeschichtliche Entwicklungen, sie liefern eine kleine Kulturgeschichte im Brennglas. Beispielsweise gehört die *Scholastik* ins Mittelalter, *Inkunabeln* erinnern an die Anfänge des Buchdrucks in der frühen Neuzeit, das *Ancien Régime* stammt aus der Zeit vor der französischen Revolution und der *New Deal* verweist auf die USA der 1930er-Jahre. *AIDS*, *WLAN-Party*, *Key-Account-Manager* oder *Download* hingegen sind Entlehnungen vom Ende des 20. Jahrhunderts. Sie alle eint, dass zur Zeit der Entlehnung ein einheimisches Wort die entsprechenden Bedeutungen nicht ausreichend abbilden konnte. Die historische Betrachtung der Fremdwörter lässt also durchaus Rückschlüsse auf die jeweilige Entlehnungsepoche zu.

Der französische Spracheinfluss etwa beginnt mit dem Dreißigjährigen Krieg im militärischen Sektor (übernommen werden Wörter wie *Appell*, *Blessur*, *Bombardement*) und wird später, im 17. und 18. Jahrhundert, unter der Hegemonie des französischen

Hofes, auf den gesellschaftlichen Bereich ausgedehnt (die Begriffe *Diskurs*, *Amusement*, *galant*, *Etikette*, *Kompliment* werden in die deutsche Sprache übernommen). Die Aufklärung wiederum liefert Wörter wie *Genie*, *Passion*, *Esprit*.

Im Zeitalter der Industrialisierung sieht man viele neue technische Ausdrücke auftauchen: *Zement*, *Polytechnikum*, *Industrieller*, *Fotografie*. Zudem sind zahlreiche Begriffe aus dem Bereich des Verkehrs der neuen Mobilität geschuldet: *Automobil*, *Billett*, *Omnibus*, *Kondukteur*.

Das 20. Jahrhundert zeigt sich im Spiegel seiner Fremdwörter als kriegerisch (*Molotowcocktail*, *Atombombe*) und im Widerstreit politischer Systeme (*Demokratisierung*, *Bolschewismus*, *Faschismus*, *Perestroika*). Schlaglichtartig bilden die Begriffe *Klimakatastrophe*, *Mafia*, *Energiekrise*, *Inflation*, *Antibiotikum*, *Apartheid*, *Automatisierung*, *Radar*, *Beton* und *Relativitätstheorie* eine komprimierte Kulturgeschichte des 20. Jahrhunderts.

Die Globalisierung sowie die sich aktuell auf dem Vormarsch befindende Kommunikations- und Informationsgesellschaft schlägt sich in den Fremdwörtern nieder, die in den letzten zwanzig Jahren aufgekommen sind: *Computer*, *Internet*, *Demoskopie*, *Handy*. Arbeitsrealität, Alltag, Kunst und Popkultur scheinen auf in Begriffen wie *Bikini*, *Camping*, *Comic*, *Rock 'n' Roll*, *Sex*, *Single*, *Stress*.

L LASZIV

ℹ Bei **Last-Minute-Flügen** handelt es sich um kurz vor dem Abflug verbilligt angebotene Flüge.

laszit schlüpfrig, zweideutig [lat.]
latent vorhanden, aber nicht offen erkennbar [lat.]
Laudatio (die, -, -ones) Ehrenrede [lat.]
Layout auch: Lay-out (das, -s, -s) Skizze zur Bild- u. Textgestaltung einer Publikation, z. B. einer Werbeanzeige [engl.]
Lean Production (die, -, nur Ez.) kostengünstige Produktion von Waren durch Einsparung von Lohn- oder Materialkosten [engl.]
Leasing (das, -s, -s) langfristige Vermietung von Industrieanlagen oder Fahrzeugen, v. a. an Wirtschaftsunternehmen [engl.]
legal gesetzmäßig, erlaubt [lat.]

ℹ Unter **Legalitätsprinzip** versteht man die Verpflichtung der Staatsanwaltschaft, im öffentlichen Interesse gegen Straftaten vorzugehen.

Legasthenie (die, -, nur Ez.) Lese- und Schreibschwäche, bei der jmd. Probleme hat, Wörter oder Texte richtig zu lesen oder zu schreiben [gr.]
Legislative (die, -, -n) gesetzgebende Gewalt; normalerweise das Parlament, das Gesetze beschließt und verabschiedet [lat.]
Legitimation (die, -, -en) Beglaubigung, dass man zu einer bestimmten Handlung berechtigt ist [lat.-frz.]
Lesbierin (die, -, -nen) homosexuelle Frau
letal tödlich [lat.]
Lethargie (die, -, -n) gleichgültige Trägheit, die meist krankheitsbedingt ist [gr.]

Leukämie (die, -, nur Ez.) Blutkrebs, bei dem zu viele weiße Blutkörperchen produziert werden [gr.-nlat.]

Liaison (die, -, -s) Verbindung, Liebschaft [frz.]

liberal freiheitlich [lat.]

Liberalismus (der, -, nur Ez.) politische Weltanschauung, die im 19. Jh. entstand und die freie Selbstbestimmung jedes Menschen in den Mittelpunkt stellt [lat.]

Liberation (die, -, -en) Befreiung [lat.]

Libido (die, -, nur Ez.) der Geschlechtstrieb [lat.]

Limerick (der, -s, -s) ironischer Fünfzeiler in Gedichtform [engl.]

Limit (das, -s, -s) Obergrenze [lat.-frz.-engl.]

Linguistik (die, -, nur Ez.) Sprachwissenschaft, bes. die modern geprägte [lat.]

Link (der, -s, -s) Verbindung, Beziehung [engl.]

i In der EDV ist **Link** ein Kurzwort für Hyperlink, über den man im Internet durch Anklicken zu einer anderen Seite kommt.

Lipomatose (die, -, -n) Fettsucht [gr.-nlat.]

Liquidität (die, -, nur Ez.) „Flüssigkeit", Zahlungsfähigkeit [lat.]

Lithograf auch: Lithograph (der, -en, -en) 1. Zeichner auf und in Stein 2. im Flachdruckverfahren ausgebildeter Drucker [gr.]

Lizenz (die, -, -en) Genehmigung, Erlaubnis (z. B. ein Patent zu nutzen, ein Buch zu veröffentlichen) [lat.]

Lobby (die, -, -s) Interessengruppe, die versucht, Abgeordnete in ihrem Sinn zu beeinflussen [engl.]

i Im Vorraum vieler Parlamente gibt es eigene Wandelhallen, die **Lobby** genannt werden, weil dort oft die Interessenvertreter, die **Lobbyisten**, mit den Abgeordneten zusammentreffen.

Logbuch (das, -(e)s, -bücher) Buch, in das alle nautischen Beobachtungen u. Vorkommnisse an Bord eines Schiffes eingetragen werden [engl.-dt.]
Logik (die, -, nur Ez.) 1. Lehre von den Formen und Gesetzen des Denkens 2. Fähigkeit, richtig zu denken und zu folgern [gr.-lat.]
lokal örtlich [lat.]
Lokalpatriotismus (der, -, nur Ez.) Heimatliebe [lat.]
Lokalredaktion (die, -, -en) Zeitungsressort, zu dessen Aufgaben alles gehört, was sich im Bereich der Stadt oder Gemeinde abspielt, also z. B. Kommunalpolitik, Polizeiberichte usw. [lat.]
Lokaltermin (der, -s, -e) Gerichtstermin am Tatort [lat.]
Lombardsatz (der, -es, -sätze) Leitzins, der für Kredite auf Wertpapiere erhoben wird [frz.-dt.]
Lot (das, -(e)s, -s) 1. Vorrichtung zum Messen der Wassertiefe und zur Bestimmung der Senkrechten 2. Zusammenstellung von Briefmarken 3. früher auch Hohlmaß [engl.]
Lotion (die, -, -en) flüssige Pflegekosmetik [lat.-frz.]
Loyalität (die, -, -en) Anständigkeit und Treue gegenüber anderen [lat.-frz.]
Lugubrität (die, -, nur Ez.) Trübsinnigkeit [lat.]
lukrativ einträglich, gewinnbringend [lat.]
Lumbalanästhesie (die, -, -n) örtliche Betäubung durch Verabreichung des Anästhetikums am unteren Ende des Rückenmarks [lat.]

Lumenstunde (die, -, -n) Maßeinheit für die Lichtmenge [lat.-dt.]

Lunch (der, - oder -(e)s, -s) leichtes Mittagessen [engl.]

luzid hell, durchsichtig [lat.]

Lymphe (die, -, -n) Körperflüssigkeit zum Stoffaustausch zwischen Blut und Zellen [lat.]

Lynchjustiz (die, -, nur Ez.) Misshandlung und Tötung eines mutmaßlichen, also nicht überführten und verurteilten Verbrechers durch eine aufgebrachte Menge [engl.-lat.]

lyophil leicht löslich [gr.-nlat.]

lyophob schwer löslich [gr.-nlat.]

M

Machete (die, -, -en) großes Buschmesser aus Südamerika [span.]

Magma (das, -s, -men) heiße Gesteinsschmelze aus dem Erdinneren [gr.-lat.]

Magnet (der, -en, -en) 1. Eisen anziehender Körper 2. von elektrischem Strom durchflossene Spule mit Eisenkern [gr.]

Magnetosphäre (die, -, nur Ez.) Atmosphärenschicht, die der Erde am nächsten ist und durch das Erdmagnetfeld beeinflusst wird [gr.-dt.]

Magnitude (die, -, -n) Maßeinheit zur Messung von Erdbebenstärken [lat.]

Mailbox (die, -, -en) Speicher für Informationen in einem Datennetz, wo sich dessen Benutzer Nachrichten hinterlegen können; beim Handy eine Art Anrufbeantworter [engl.]

mailen Versenden einer elektronischen Nachricht mit E-Mail [engl.]

Majorität (die, -, -en) (Stimmen-)Mehrheit. Unter dem so-

M MAKROBIOTIK

genannten *Majoritätsprinzip* versteht man den Grundsatz, dass z. B. bei Wahlen die Mehrheit der Stimmen entscheidet. [lat.]

i **makro-** Vorsilbe aus dem Griechischen mit der Bedeutung *groß*

Makrobiotik (die, -, nur Ez.) Ernährungsweise, die sich auf Getreide und Gemüse aus biologischem Anbau beschränkt [gr.]

Makrokosmos (der, -, nur Ez.) Weltall, Weltraum [gr.]

Malheur (das, -s, -e oder -s) Missgeschick, kleines Unglück [frz.]

Malignom (das, -s, -e) bösartige Geschwulst [lat.]

Mammonismus (der, -, nur Ez.) 1. Geldgier 2. Herrschaft des Geldes [arab.-gr.-nlat.]

Management (das, -s, -s) Unternehmensleitung [engl.]

i Ein **Manager** ist ein leitender Angestellter, kann aber auch für die Termine und Geschäfte eines Berufssportlers oder Künstlers verantwortlich sein.

Mandat (das, -(e)s, -e) Abgeordnetenamt. Ein Mandat bekommen aber auch Rechtsanwälte von ihren Kunden. [lat.]

Mandatsgebiet (das, -(e)s, -e) Gebiet, das durch einen fremden Staat verwaltet wird [lat.-dt.]

Manie (die, -, -n) krankhafte Leidenschaft [gr.]

Manifest (das, -es, -e) Grundsatzerklärung [lat.]

Manifestation (die, -, -en) Sichtbarwerden, Zutagetreten, Bekundung [lat.]

Manipulation (die, -, -en) absichtliche Verfälschung von Informationen, Verdrehung der Wahrheit [lat.]

manisch-depressiv wechselnder krankhafter Zustand zwischen übertrieben heiterer und schwermütiger Stimmung [gr.-lat.]

manuell mit der Hand zu verrichten, nicht maschinell [lat.]

Marge (die, -, -n) 1. Abstand, Spanne, Spielraum 2. Spanne zwischen Einkaufs- und Verkaufspreis 3. Preisunterschied für die gleiche Ware an verschiedenen Orten [frz.]

marginal am Rand liegend, nebensächlich [lat.]

Marketing (das, -s, nur Ez.) Strategien eines Unternehmens, um die Absatzmöglichkeiten zu verbessern [engl.]

Masochismus (der, -, nur Ez.) sexuelle Erregung, die durch Schmerzen und Misshandlungen hervorgerufen wird [nlat.]

Massaker (das, -s, -) Blutbad, Massenmord [frz.]

massiv 1. dicht, fest 2. voll, nicht hohl 3. dauerhaft, kräftig 4. energisch, sehr deutlich [frz.]

Masturbation (die, -, nur Ez.) sexuelle Selbstbefriedigung [lat.]

Matching (das, -s, -s) Wirtschaftsmesse

Materie (die, -, -n) die fassbare Wirklichkeit, im Gegensatz zum Geist [lat.]

Matinee (die, -, -n) Vormittagsvorstellung im Kino, Theater oder Fernsehen [frz.]

Matrize (die, -, -n) 1. Negativform zur Herstellung von Abdrücken 2. Gussform für Lettern 3. gewachstes Papier zur Herstellung von Vervielfältigungen [lat.-frz.]

Maxime (die, -, -n) Leitsatz für das eigene Handeln eines Menschen [lat.]

Maximum (das, -s, -ma) höchster Wert [lat.]

M MAYDAY

Mayday internationaler Funknotruf [frz.-engl.]

MAZ Abkürzung für *Magnetaufzeichnung*

> **medi-** stammt aus dem Lateinischen. *Medi-* taucht als Wortbestandteil sowohl in Substantiven als auch in Adjektiven auf und bedeutet *mittel*.

Medianwert (der, -(e)s, -e) Mittelwert [lat.-dt.]
Meditation (die, -, -en) das In-sich-Hineingehen, geistige Sammlung, religiöse Versenkung [lat.]
mediterran zum Mittelmeerraum gehörend [lat.]
Medium (das, -s, -dien) vermittelndes Element [lat.]

> **Medien** sind v. a. Presse, Hörfunk, Film u. Fernsehen sowie Werbeträger, die Informationen vermitteln.

Meeting (das, -s, -s) Treffen, Besprechung, Konferenz [lat.]
Megabyte (das, -, -) Maßeinheit der Speicherkapazität eines Computers, entspricht einer Million Byte, Abkürzung: MB [gr.-engl.]
Megalopolis (die, -, -polen) Riesenstadt [gr.]
Megawatt (das, -s, -) Maßeinheit des elektrischen Stroms, eine Million Watt, Abk. MW [gr.-engl.]
Meiose (die, -, -n) Vorgang der Halbierung des Chromosomensatzes bei befruchteter Zelle [gr.]
melancholisch schwermütig [gr.]
Memoiren (nur Mz.) schriftlich niedergelegte Lebenserinnerungen [lat.]
Memorandum (das, -s, -den) diplomatische Stellungnahme [lat.]
Meningitis (die, -, -tiden) Hirnhautentzündung [gr.]

Menstruation (die, -, -en) Monatsblutung, Regelblutung [lat.]

mental aus Überlegungen heraus, gedanklich, geistig [lat.]

Mentalität (die, -, -en) geistige Einstellung [lat.]

Meridian (der, -s, -e) Längengrad von Pol zu Pol [lat.]

Mesosphäre (die, -, nur Ez.) Atmosphärenschicht in über 50–80 km Höhe [gr.-lat.]

Metakritik (die, -, nur Ez.) Kritik an der Kritik [gr.-nlat.]

Metamorphose (die, -, -n) Verwandlung, z. B. in den klassischen griechischen Sagen vom Menschen zum Tier [gr.-lat.]

Metaphase (die, -, -n) Stadium der Kernteilung einer Zelle [gr.-nlat.]

Metapher (die, -, -n) sinnbildliche, übertragene Bedeutung [gr.]

metaphysisch über das hinausgehend, was man mit den Sinnen erfahren kann [gr.]

Metastase (die, -, -n) Tochtergeschwulst [gr.]

Meteorit (der, -en oder -s, -en oder -e) Körper aus dem Weltall, der in die Erdatmosphäre eintritt [gr.]

Metier (das, -s, -s) Fachgebiet, Beruf [frz.]

Metropole (die, -, -n) Hauptstadt, Weltstadt [gr.]

Metropolit (der, -en, -en) katholischer Erzbischof, bzw. in der orthodoxen Kirche der Bischof einer Kirchenprovinz [gr.]

i **mikro-** das Gegenteil von *makro-*. Das Wort stammt aus dem Griechischen und bedeutet *klein*.

Mikrobe (die, -, -n) winziger pflanzlicher oder tierischer Organismus, Mikroorganismus,

M MIKROBIOLOGIE

der nur unter dem Mikroskop sichtbar ist [gr.]

Mikrobiologie (die, -, -n) Lehre von den mikroskopisch kleinen Lebewesen [gr.]

Mikrochip (der, -s, -s) auf einem sehr kleinen Siliziumplättchen aufgebrachter Schaltkreis [gr.-engl.]

Mikrochirurgie (die, -, nur Ez.) Gebiet der Chirurgie, bei der Operationen per Mikroskop durchgeführt werden

Mikrofaser (die, -, -n) extrem feine Chemiefaserfäden für atmungsaktive, Regen abweisende Stoffe [gr.-dt.]

Mikroprozessor (der, -s, -en) Baustein eines Computers, der Rechen- und Steuerfunktionen übernimmt [gr.-lat.]

Mikrowellen (nur Mz.) elektromagnetische, sehr kurze Wellen [gr.-dt.]

Milieu (das, -s, -s) Umgebung, Gesamtheit der Lebensumstände eines Lebewesens

militant streitbar, mit kriegerischen Mitteln kämpfend, sich gewalttätig durchsetzen [frz.]

Militärdiktatur (die, -, -en) Gewaltherrschaft der Militärs [lat.-frz.]

Militärjunta (die, -, -s) Militärregierung, die durch einen Putsch von Offizieren an die Macht gekommen ist [lat.-frz.-lat.-span.]

Minimalpaar (das, -(e)s, -e) sich nur durch ein Phonem unterscheidendes Wortpaar einer Sprache in der Linguistik (z. B. Haus und Maus) [lat.-dt.]

Minorität (die, -, -en) Minderheit [lat.]

Mise en Scène (die, - - -, -s - -) 1. Inszenierung 2. wirkungsvoller Auftritt [frz.]

Mitose (die, -, -n) Teilung des Zellkernes, bei der die Chromosomen längs gespalten werden [gr.-nlat.]

Mix (der, -, -e) Mischung [lat.-frz.-engl.]

Mixed (das, -(s), -(s)) gemischtes Tennisdoppel [engl.]

Mobbing (das, -s, nur Ez.) ungerechtfertigtes Schlechtmachen und Schikanieren eines Kollegen am Arbeitsplatz mit dem Ziel, ihn zur Kündigung zu bewegen [engl.]

mobil beweglich [lat.]

Mobilisierung (die, -, nur Ez.) die Mobilmachung, d. h. die Einberufung aller Reservisten im Kriegs- oder Spannungsfall [lat.]

Modell (das, -s, -e) Nachbildung, vereinfachte Darstellung [it.]

Modem (das, -s, -s) Gerät zum Transfer von Gleichstrom auf Wechselstromsignale, z. B. beim Übertragen von Daten über die Fernsprechleitung [engl.]

moderat gemäßigt [lat.]

Moderator (der, -s, -en) Journalist, der durch eine Fernseh- oder Hörfunksendung führt und dabei die einzelnen Sendeteile ankündigt [lat.]

Modifikation (die, -, -en) Veränderung, Abwandlung [lat.]

Modus operandi (der, -, Modi) Vorgehensweise [lat.]

Molekül (das, -s, -e) chemische Verbindung in ihrer kleinsten Einheit, aber mit den charakteristischen Eigenschaften dieser Verbindung [frz.]

Molekularbiologie (die, -, nur Ez.) Gebiet der Biologie, in dem der Aufbau von Organismen im Molekularbereich untersucht wird [frz.-gr.]

Monarchie (die, -, -n) Staatsform, in der ein König oder eine Königin regiert [gr.-lat.]

monieren beanstanden, bemängeln [gr.]

M MONITOR

Monitor (der, -s, -en oder -e) Bildschirm [lat.-engl.]

Monitoring (das, -s, -s) sorgsames Überwachen einer bestimmten Situation [lat.-engl.]

ℹ️ **mono-** Vorsilbe aus dem Griechischen mit der Bedeutung *einzel(n)*.

monochrom einfarbig [gr.]

Monogamie (die, -, nur Ez.) Einehe [gr.]

monokausal nur eine Ursache habend [gr.-lat.]

Monolog (der, -s, -e) Selbstgespräch bzw. lange Rede einer einzelnen Person [gr.]

Monopol (das, -s, -e) Marktbeherrschung für ein Produkt in einem bestimmten Gebiet, die es erlaubt, die Preise zu diktieren [gr.]

Monotheismus (der, -, nur Ez.) der Glaube an einen einzigen Gott [gr.]

Monotonie (die, -, nur Ez.) Eintönigkeit [gr.]

Monsun (der, -, -e) jahreszeitenabhängiger asiatischer Wind und die damit verbundene Regenzeit [arab.-it.]

Montage (die, -, -n) Zusammenfügung, Neben- und Übereinanderkopieren von verschiedenen Teilen (in Malerei, Theater, Fernsehen usw.) [frz.]

Montanindustrie (die, -, -n) Vereinigung der Bergbau- und Hüttenindustrie [lat.]

Moral (die, -, nur Ez.) sittliche Grundsätze einer Gesellschaft, die aus Religion, Tradition und der Gesellschaftsform entstanden sind [lat.-frz.]

morbid kränklich, verfallend [lat.-frz.]

Morbus (der, -, -bi) Krankheit [lat.]

Moritat (die, -, -en) zur Drehorgel vorgetragenes Lied über ein schreckliches Ereignis [lat.]

Morphium auch: Morphin (das, -s, nur Ez.) starkes, opiumähnliches Schmerzmittel in der Medizin, oft als Droge missbraucht [gr.]

Moslem (der, -s, -s) auch Muslim oder Muselman, Anhänger des Islam [arab.]

Motivation (die, -, -en) Beweggrund, Antrieb für menschliches Handeln; das Motiviertsein [lat.]

Mouse (die, -, Mice) Eingabegerät, dessen Bewegungen außerhalb des Computers in Bewegungen des Cursors auf dem Computerbildschirm umgewandelt werden [engl.]

> **i** **multi-** ein ursprünglich aus dem Lateinischen stammender Wortbestandteil, der heute in vielen Sprachen zu finden ist. Er bedeutet *viel*.

Multi Abkürzung für *multinationaler Konzern*, der in vielen Ländern vertreten ist

Multimedia (das, -(s) nur Ez.) die Verbindung oder das Zusammenwirken mehrerer Medien, z. B. Dias, Ton [lat.]

Multiple-Choice-Verfahren (das, -, nur Ez.) Prüfungs- oder Testverfahren, bei dem unter mehreren möglichen Antworten, die vorgegeben sind, die richtige(n) angekreuzt werden müssen [engl.]

multiplizieren Zahlen vervielfachen, malnehmen

Mutation (die, -, -en) plötzliche Veränderung im Erbgut [lat.]

Mystik (die, -, nur Ez.) 1. Streben, durch geistige Konzentration und Askese, um das Göttliche zu erleben 2. entsprechende religiöse Richtung [gr.]

Mythos (der, -, -then) 1. überlieferte Geschichte, Sage

2. zur Legende gewordene Begebenheit; verehrte Persönlichkeit

N

N.N. 1. Abkürzung für *Normalnull*: Höhe des Meeresspiegels 2. Abkürzung für *nomen nescio*: Name unbekannt

naiv kindlich unbefangen, arglos [frz.]

narkotisieren in Narkose versetzen, einschläfern [gr.-nlat.]

Narzissmus (der, -, nur Ez.) Eigenliebe [gr.-lat.]

NASA (die, -, nur Ez.) Abkürzung für *National Aeronautics and Space Administration*: amerikanische Raumfahrtbehörde [amerik.]

Nationalisierung (die, -, -en) Verstaatlichung [lat.]

Nationalismus (der, -, nur Ez.) übersteigertes Nationalbewusstsein [frz.-nlat.]

Nationalökonom (der, -en, -en) Volkswirtschaftler [gr.]

Nationalsozialismus (der, -, nur Ez.) rechtsradikale Massenbewegung mit dem Ziel der Errichtung eines totalitären Staates, der Unterdrückung jeglicher Opposition, der weltanschaulichen Gleichschaltung, der Vernichtung des Rechtsstaats und ganzer Menschengruppen (z. B. Juden) sowie einer aggressiven Außenpolitik, die den Zweiten Weltkrieg auslöste [lat.-frz.]

NATO (die, -, nur Ez.) Abkürzung für *North Atlantic Treaty Organization*: nordatlantisches Verteidigungsbündnis [engl.]

Naturallohn (der, -(e)s, -löhne) Lohn in Form von Sachleistungen [lat.-dt.]

Navigation (die, -, nur Ez.) Standortbestimmung und Einhaltung des Kurses bei Schif-

NEWSLETTER

fen, Flugzeugen und Raumfahrzeugen [lat.]

Navigationssystem (das, -s, -e) autom. Kurs- u. Standortbestimmungssystem im Auto [lat.]

Navigator (der, -s, -toren) jmd., der für die Orientierung und Kursbestimmung auf Schiffen und Flugzeugen zuständig ist [lat.]

Nekropole (die, -, -n) antike Gräberstätte, Totenstadt [gr.]

Neonazi (der, -s, -s) Angehöriger einer rechtsradikalen Bewegung mit nationalsozialistischen Zielen [gr.-lat.]

Neonröhre (die, -, -n) gasgefüllte Leuchtstoffröhre [gr.-dt.]

Nepotismus (der, -, nur Ez.) Vetternwirtschaft [lat.]

netto ohne Verpackung, nach Abzug [it.]

Nettosozialprodukt (das, -(e)s, -e) gesamte Wertschöpfung einer Volkswirtschaft [lat.-it.]

Neuraltherapie (die, -, -n) Behandlung von Krankheiten durch das Einwirken auf das örtliche Nervensystem [gr.]

Neurofibrille (die, -, -n) feinste Nervenfaser [gr.]

Neurolinguistik (die, -, nur Ez.) mit der Untersuchung von Sprachstörungen befasstes Teilgebiet der Sprachwissenschaft [gr.-lat.]

Neurologie (die, -, nur Ez.) Wissenschaft vom Nervensystem [gr.]

neurotisch krankhaftes Verhalten mit seelischen und körperlichen Störungen, das durch unverarbeitete Konflikte mit der Umwelt entstanden ist [gr.]

neutral unparteiisch [lat.]

Neutron (das, -s, -en) Elementarteilchen ohne elektrische Ladung [lat.]

Newsletter (der, -(s), -(s)) elektronische Nachricht, Rundschreiben [engl.]

Nihilismus (der, -, nur Ez.) Verneinung aller Normen und Werte aus dem Glauben heraus, alles Bestehende sei nichtig [lat.]

Nirwana (das, -(s), nur Ez.) paradiesähnlicher Endzustand seliger Ruhe im Buddhismus [sanskr.]

Niveau (das, -s, -s) 1. waagerechte Ebene in einer bestimmten Höhe 2. Höhenstufe 3. Stufe, Stand 4. geistige Höhe [frz.]

Nobelpreis (der, -es, -e) jährlich verliehener Preis für die besten Leistungen auf den Gebieten Chemie, Medizin, Literatur, Physik und Friedensförderung

Nomenklatur (die, -, -en) Verzeichnis, System von Fachbegriffen [lat.]

Nominaleinkommen (das, -s, -) von der Kaufkraft unabhängiges, reales Einkommen [lat.-dt.]

Nominalkapital (das, -s, nur Ez.) Geldgrundbestand einer Aktiengesellschaft [lat.]

Nominalstil (der, -s, nur Ez.) Schreibstil, bei dem v. a. Hauptwörter verwendet werden [lat.-dt.]

Nominalwert (der, -(e)s, -e) auf Geld und Wertpapieren angegebener Wert, auch wenn dieser vom realen Wert abweicht [lat.-dt.]

> **non-** Vorsilbe, die eine Verneinung ausdrückt. Aus dem Lateinischen stammend tritt *non-* auch bei vielen englischen Wörtern auf.

Nonkonformist (der, -en, -en) jemand, der sich von der herrschenden Meinung in seiner weltanschaulichen, religiösen oder sozialen Einstellung deutlich abhebt [lat.]

Non-Profit-Organisation auch: Nonprofitorganisation (die, -, -en) Institutionen, die nicht auf Gewinnbasis arbeiten [engl.-lat.]

Normativismus (der, -, nur Ez.) philosophische Lehre vom Vorrang des Sollens gegenüber dem Sein [lat.]

Notebook (das, -s, -s) tragbarer Personal Computer [engl.]

Notierung (die, -, -en) Feststellung von Börsenkursen [lat.]

Nuance (die, -, -n) winzige Kleinigkeit, feiner Unterschied [lat.]

nuklear die Kernspaltung und -energie betreffend [lat.]

Nullmeridian (der, -s, nur Ez.) Längengrad, der durch Greenwich bei London läuft und von dem aus alle weiteren Längengrade bestimmt werden [lat.]

Nullniveau (das, -s, -s) Höhenlage, von der aus Höhenmessungen durchgeführt werden [lat.-frz.]

Numismatik (die, -, nur Ez.) Münzkunde

Nymphomanie (die, -, nur Ez.) übermäßig gesteigerter weibl. Geschlechtstrieb [gr.]

O

Obduktion (die, -, -en) Leichenöffnung zur Klärung der Todesursache [lat.]

objektiv wahrheitsgetreu, sachlich, unparteiisch [lat.]

obligatorisch verpflichtend, bindend [lat.]

Observation (die, -, -en) polizeiliche oder wissenschaftliche Überwachung, Beobachtung [lat.]

obskur zweifelhaft, verdächtig [lat.]

Obszönität (die, -, -en) Schamlosigkeit, Unanständigkeit [lat.]

off hinter der Bühne oder der Kamera, also nicht sichtbar sprechend [engl.]

Offensive (die, -, -n) Angriff [lat.]

Offizialdelikt (das, -(e)s, -e) von Amts wegen verfolgte Straftat, auch ohne Klage eines Geschädigten [lat.]

Offsetdruck (der, -(e)s, -e) Flachdruckverfahren [engl.-dt.]

Offstimme auch: Off-Stimme (die, -, -n) Stimme eines nicht sichtbaren Sprechers im Fernsehen oder Kino [engl.-dt.]

Okkupation (die, -, -en) militärische Besetzung [lat.]

Ökobilanz (die, -, -en) abschließender Überblick über die Auswirkungen eines Produktes oder Verfahrens auf die Umwelt [gr.-lat.]

Ökologie (die, -, nur Ez.) Wissenschaft von der Wechselbeziehung zwischen den Lebewesen und ihrer Umwelt [gr.]

Ökonomie (die, -, nur Ez.) Wirtschaftswissenschaft [lat.]

Oktanzahl (die, -, -en) Maßeinheit zur Klopffestigkeit von Kraftstoffen [lat.-dt.]

Okular (das, -s, -e) dem Auge zugewandte Linse oder Linsenkombination bei Mikroskopen oder anderen optischen Geräten [lat.]

Ökumene (die, -, nur Ez.) 1. Gesamtheit der Christen 2. bewohnte Erde [gr.]

Oligarchie (die, -, -n) Herrschaft einer kleinen Gruppe [gr.]

Onanie (die, -, nur Ez.) Selbstbefriedigung [hebr.]

Onkogenese (die, -, -n) Entstehung von Geschwüren [gr.-nlat.]

online in direkter Verbindung mit einer Datenverarbeitungsanlage [engl.]

Onlinedienst (der, -(e)s, -e) Telekommunikationsdienst, der Leistungen für Computeranwendungen erbringt, meist Anbieter im Internet [engl.-dt.]

Onomatopoetikum (das, -s, -ka) lautmalerisches Wort [gr.-lat.]

Opinionleader (der, -s, -) jmd., der die öffentliche Meinung zu einem bestimmten Thema beeinflusst [engl.]

Opium (das, -s, nur Ez.) aus dem Schlafmohn gewonnenes Rausch- und Schmerzmittel [gr.-lat.]

ℹ️ **opp-** Vorsilbe, die eine Gegensätzlichkeit oder Gegnerschaft anzeigt

Opportunismus (der, -, nur Ez.) schnelle Anpassung an die jeweilige Lage, um eigene Vorteile zu erreichen [lat.]

Opposition (die, -, -en) 1. die nicht an der Regierung beteiligten Parteien im Parlament 2. Widerstand [lat.]

Optimierung (die, -, -en) die Schaffung der jeweils günstigsten Lösung [lat.]

Optimist (der, -en, -en) zuversichtlicher Mensch [lat.]

optional nicht zwingend [lat.]

oral durch den Mund [lat.]

Orbis (der, -, nur Ez.) Umlaufbahn eines Satelliten oder einer Rakete [lat.]

ℹ️ Die **Orbitalstation** ist ein festes Labor in einer Umlaufbahn um die Erde.

Orbiter (der, -s, -) Flugkörper, der sich in einer Umlaufbahn um die Erde befindet [lat.]

Ordal (das, -s, -lien) Gottesurteil [angels.-lat.]

Orgasmus (der, -, -men) sexueller Höhepunkt [lat.]

O ORIGAMI

Origami (das, -, nur Ez.) japanische Kunst des Papierfaltens [jap.]

Orogenie (die, -, nur Ez.) Wissenschaft von der Entstehung der Gebirge [gr.]

orthodox strenggläubig [gr.]

Oscar (der, -s, -s) Auszeichnung in der Filmbranche, eigentlich: *Academy Award* [engl.]

Osteoporose (die, -, -n) Poröswerden von Knochen [gr.]

Östrogen (das, -s, -e) weibliches Sexualhormon [gr.]

Oszillation (die, -, -en) Schwingung [lat.]

Outlaw (der, -s, -s) Geächteter, Verbrecher [engl.]

Outplacement (das, -s, -s) Versuch eines Unternehmens, die von ihm entlassenen Mitarbeiter bei anderen Unternehmen unterzubringen [engl.]

Output (der, -s, -s) Ausstoß, Abgabe von Daten, elektrischen Impulsen oder Waren [engl.]

Outsourcing (das, -, nur Ez.) die Ausführung von bestimmten Arbeitsvorgängen durch externe Dienstleister außerhalb der Firma [engl.]

Ovation (die, -, -en) jubelnder Beifall [lat.]

Overheadprojektor (der, -s, -en) Tageslichtprojektor, der mit durchsichtigen Folien arbeitet [engl.-lat.]

Ovulation (die, -, -en) Eisprung [lat.]

Ovulum (das, -s, -la) Ei, Eizelle [lat.]

Oxidation auch: Oxydation (die, -, -en) chemische Vereinigung eines Stoffes mit Sauerstoff [gr.-frz.]

Oxygen auch: Oxygenium (das, -s, nur Ez.) Sauerstoff [gr.-frz.-nlat.]

Ozeanograf auch: Ozeanograph (der, -en, -en) Meeresbiologe [gr.]

Ozon (das, -s, nur Ez.) giftige Form des Sauerstoffs,

die in hohen Luftschichten UV-Strahlung zurückhält [gr.]
Ozontherapie (die, -, -n) medizinische Behandlung mit Ozon [gr.]

P

Pädagoge (der, -n, -n) Erzieher, Lehrer [gr.]
Päderast (der, -en, -en) homosexueller Erwachsener, der sexuelle Beziehungen zu Jugendlichen oder Kindern sucht [gr.]
Pädiatrie (die, -, nur Ez.) Kinderheilkunde [gr.]
Pädophilie (die, -, nur Ez.) perverse sexuelle Neigung zu Kindern [gr.]
Pager (der, -s, -) Meldeempfänger [engl.]
Paläontografie auch: Paläontographie (die, -, nur Ez.) Wissenschaft von den Versteinerungen [gr.]
Pantomime (die, -, -n) Darstellung einer Szene, ohne zu sprechen, nur durch Mimik, Gebärden und Tanz [gr.]
Paperback (das, -s, -s) kartoniertes Taschenbuch [gr.]

ℹ️ **para-** Vorsilbe aus dem Griechischen mit unterschiedlicher Bedeutung. Sie kann beispielsweise *neben*, *vorbei* oder *an der Seite* heißen.

Parabolantenne (die, -, -n) schüsselartige Antenne, die Ultrakurzwellen bündeln kann [gr.-lat.-it.]
paradox widersprüchlich in sich selbst [gr.-lat.]
Paraffin (das , -s, -e) zur Fertigung von Bohnerwachs oder Kerzen verwendetes farbloses Gemisch aus unlöslichen gesättigten Kohlenwasserstoffen [lat.]

Fremdwörter sind gefährlich – Malapropismen und andere Verwechslungen

Mit Fremdwörtern bezeichnen wir in der Regel Dinge, für die es kein geeignetes deutsches Wort gibt. Gleichzeitig lassen aber Fremdwörter unsere Sprache in den Ohren anderer auch gelehrt klingen, weil sie oft über Fachsprachen ins Deutsche gelangen und ihre Verwendung also auf eine hohe Bildung des Sprechers schließen lässt – vorausgesetzt die Verwendung ist korrekt. Der Gebrauch von Fremdwörtern kann nämlich auch gefährlich sein: falsch benutzt kehrt sich der Effekt ins Gegenteil, der Sprecher macht sich lächerlich, offenbart seine Unbildung und sein Imprägniergehabe. Die falsche Verwendung von Fremdwörtern heißt Malapropismus (englisch *malapropos: unangemessen*, aus französisch: *mal à propos: unzweckdienlich*), benannt nach der Figur der Mrs. *Malaprop* aus Richard Brinsley Sheridans Komödie „The Rivals", die höchst komisch daran scheitert, mit Fremdwörtern Gelehrsamkeit vorzutäuschen.

Oftmals werden bei Fehlverwendungen die Fremdwörter nicht allein, sondern als Teil einer festen Wendung gebraucht. Besonders anfällig für Malapropismen sind Showstars und häufig Fußballer, die gerne Ergebnisse *„hochsterilisieren"* (*hochstilisieren*), im Leben eine *„Zensur"* (*Zäsur*) machen, die Konkurrenz *„debütieren"* (*düpieren*), mit Gesprächspartnern *„chloroform"* (*konform*) gehen, den Gegner nur ganz leicht *„retouchieren"* (*touchieren*) oder eine gut *„intrigierte"* (*integrierte*) Truppe sind.

Einige weitere Beispiele für Fremdwortverwechslungen sind:

FALSCH	RICHTIG
für karikative Zwecke spenden	für karitative Zwecke spenden
die Wände mit Dispositionsfarbe streichen	die Wände mit Dispersionsfarbe streichen
wie ein Emerit in der Wüste leben	wie ein Eremit in der Wüste leben
in die Patrouille geraten	in die Bredouille geraten
eine Konifere sein	eine Koryphäe sein
jemandem imprägnieren	jemandem imponieren
ein Exempel stationieren	ein Exempel statuieren
sich aus der Atmosphäre ziehen	sich aus der Affäre ziehen
der domänische Einfluss	der dämonische Einfluss
die Flambiermeile	die Flaniermeile
das Amphibientheater	das Amphitheater

P PARALLELE

Parallele (die, -, -n) vergleichbarer Fall, ähnlich verlaufend [gr.]

ℹ️ In der Mathematik versteht man unter **parallelen Geraden** zwei Geraden, die sich niemals schneiden.

Paralleltonart (die, -, -en) Moll- u. Durtonart mit jeweils gleichem Vorzeichen [gr.-dt.]
Paranoia (die, -, nur Ez.) Geistesgestörtheit, Wahnvorstellungen [gr.]
Parapsychologie (die, -, nur Ez.) Wissenschaft von übersinnlichen Erscheinungen, die normalerweise nicht wahrgenommen oder erklärt werden können [gr.-nlat.]
Parasit (der, -en, -en) Schmarotzer, Lebewesen, das auf Kosten eines anderen lebt und dieses schädigt [gr.-lat.]
parboiled vorbehandelt [lat.-frz.-engl.]

Parlament (das, -(e)s, -e) Versammlung der Volksvertreter (Abgeordeneten) [frz.-engl.]

ℹ️ Im **Parlamentarismus** ist die Regierung dem Parlament gegenüber verantwortlich.

Parodie (die, -, -n) komische und satirisch verfremdende Nachahmung [gr.]
Parodontose (die, -, -n) Zahnbettentzündung mit Zahnfleischschwund [gr.]
Partisan (der, -en, -en) Widerstandskämpfer gegen eine fremde Besatzung, der kein regulärer Soldat ist [it.-frz.]
Partizipation (die, -, -en) Beteiligung, Teilhaben [lat.]
Partwork (das, -s, -s) in Teillieferungen erscheinende Zeitschrift oder Buchreihe [engl.]
Passepartout (das, -s, -s) Papprahmen für Bilder,

PAUSCHAL

Zeichnungen oder Grafiken [frz.]
Passion (die, -, -en) Leidenschaft [lat.]

ℹ **Passion** nennt man auch die Darstellung der Leidensgeschichte Jesu Christi.

passiv nicht selbst beteiligt, untätig [lat.]
Passiva (nur Mz.) das Eigen- und Fremdkapital eines Unternehmens, Schulden und Verbindlichkeiten [lat.]
Patent (das, -(e)s, -e) geschütztes Recht, eine Erfindung allein kommerziell zu nutzen [lat.]
Pathologie (die, -, nur Ez.) Wissenschaft von den Krankheiten [gr.]

ℹ **-logie** ist eine aus dem Griechischen stammende Endung, die bei Substantiven auftritt, die auf eine Wissenschaft oder Lehre hinweisen.

Patina (die, -, nur Ez.) grünlicher Edelrost auf Kupfer [it.]
Patriarchat (das, -(e)s, -e) Gesellschaftsform, in der Männer über Frauen dominieren und im Staat eine bevorzugte Stellung einnehmen [gr.-lat.]
Patriot (der, -en, -en) jemand, der sich mit großer Begeisterung für sein Vaterland einsetzt und in besonderer Weise dessen Traditionen und Werten verbunden ist [gr.-lat.]
pauschal alles zusammen; allgemein, ohne nähere Unterscheidung [nlat.]

ℹ Eine **Pauschale** ist eine Abrechnung ohne Aufstellung der Einzelleistungen.

PAUSCHBETRAG

Pauschbetrag (der, -(e)s, -träge) nachweisloser Steuerfreibetrag [lat.-dt.]

Paycard (die, -, -s) Plastikkarte mit einem Mikrochip zum bargeldlosen Zahlungsverkehr [engl.]

Pazifismus (der, -, nur Ez.) Weltanschauung, die den Krieg als Mittel der Auseinandersetzung uneingeschränkt ablehnt und eine grundsätzliche Abrüstung aller Staaten fordert [lat.]

Pedant (der, -en, -en) Genauigkeitsfanatiker [lat.]

Peergroup (die, -, -s) Bezugsgruppe eines Menschen, die ihn sozial beeinflusst [engl.]

> ℹ️ Die Angehörigen einer **Peergroup** sind zumeist aus der gleichen sozialen Schicht, haben ähnliche Interessen und sind etwa gleich alt.

Penetration (die, -, -en) Durchdringung, Eindringen [lat.]

Penis (der, -, -se) männliches Glied [lat.]

Penthouse (das, -, -s) exklusives Luxusapartment auf dem Dach eines Hochhauses [engl.]

Peplopause (die, -, nur Ez.) Schicht der Atmosphäre in ca. 1500 bis 2500 m Höhe [gr.-nlat.]

Perigramm (das, -s, -e) Diagramm, in dem die Größenverhältnisse mit Kreisen dargestellt werden [gr.]

Periode (die, -, -n) 1. bestimmter Zeitabschnitt 2. Regelblutung der Frau [gr.-lat.]

Periodensystem (das, -s, nur Ez.) die tabellarische Anordnung der chemischen Elemente nach deren Eigenschaften (Chemie) [gr.-lat.]

peripher am Rande gelegen [gr.-lat.]

permanent ohne Unterbrechung [lat.]
Perplexität (die, -, nur Ez.) Bestürzung, Verwirrung [lat.-frz.]
Persiflage (die, -, -n) geistreiche Verspottung [frz.]
Persona ingrata (die, -, nur Ez.) unerwünschte Person; im diplomatischen Sprachgebrauch eine Person, deren Aufenthalt im Land nicht mehr erwünscht ist [lat.]
Personalunion (die, -, nur Ez.) Ausübung mehrerer Ämter durch eine Person [lat.]
Personifikation (die, -, nur Ez.) die Vermenschlichung von Dingen (v. a. in der Literatur) [lat.]
Perspektive (die, -, -n) Betrachtungsweise aus einem ganz bestimmten Blickwinkel heraus, aber auch Aussicht auf die Zukunft und zweidimensionale Darstellung räumlicher Gegenstände [lat.]
persuasiv überredend, überzeugend [lat.]
Pertinenz (die, -, -en) Zugehörigkeit [lat.]
Perversion (die, -, -en) sexuelle Abweichung vom Normalen [lat.]
Perzeption (die, -, -en) Wahrnehmung von Reizen durch Sinnesorgane [lat.]
Pessar (das, -s, -e) empfängnisverhütende Kappe aus Kunststoff o. Metall, die über den Muttermund gelegt wird und so das Eindringen von Samenzellen i. d. Gebärmutter verhindern soll [gr.-lat.]
Pessimismus (der, -, nur Ez.) negative Lebensauffassung, bei der nur die schlechten Seiten des Lebens gesehen werden [lat.]
Petition (die, -, -en) Bittschrift [lat.]
Petting (das, -(s), -s) gegenseitiges sexuelles Erregen durch Berührung, jedoch

P PHALLUS

ohne direkten Geschlechtsverkehr [engl.]

i **-ph-** In der deutschen Sprache wird diese Buchstabenfolge nicht verwendet. Tritt sie dennoch auf, so handelt es sich deshalb auf jeden Fall um ein Fremdwort. Meist stammt das betreffende Wort aus dem Griechischen.

Phallus (der, -, -li oder -len) männliches Glied [gr.-lat.]

Phantom (das, -s, -e) gespenstisches Trugbild [gr.]

i Ein **Phantombild** ist die zeichnerische Rekonstruktion des Gesichtes eines Gesuchten nach der Beschreibung von Zeugen.

Pharmakologie (die, -, nur Ez.) Wissenschaft von Art und Aufbau der Heilmittel und ihrer Wirkungen und Anwendungen [gr.-nlat.]

Pharmazie (die, -, nur Ez.) Wissenschaft von den Arzneimitteln [gr.-nlat.]

i **-phil-** stammt aus dem Griechischen und bedeutet *Freund* oder *freundlich*; es tritt bei Substantiven und Adjektiven sowohl als Vorsilbe als auch als Nachsilbe auf.

Philosophie (die, -, -n) Wissenschaft, die nach den Erkenntnissen des menschlichen Daseins, seines Denkens und seiner Existenz forscht [gr.]

Phlegma (das, -s, nur Ez.) Trägheit, Gleichgültigkeit [gr.]

Phobie (die, -, -n) krankhafte Angst [gr.]

Phonem (das, -s, -e) kleinste bedeutungsunterscheidende

sprachliche Einheit wie etwa das *S* in *Sohn* in Bezug auf das *L* in *Lohn* [gr.]

Phonetik auch: Fonetik (die, -, nur Ez.) Lautlehre (Sprachwissenschaft) [gr.]

Photochemie auch: Fotochemie (die, -, nur Ez.) Teilgebiet der Chemie, das sich mit der chemischen Wirkung des Lichts befasst [gr.-arab.-roman.]

Photoeffekt auch: Fotoeffekt (der, -(e)s, -e) bei bestimmten Stoffen durch deren Bestrahlung mit Licht hervorgerufener Austritt von Elektronen [gr.-lat.]

photophil auch: fotophil das Leben im Licht bevorzugend [gr.]

Phrase (die, -, -n) (abgedroschene) Redewendung [gr.]

Physiognomie (die, -, -n) Gesichtsausdruck [gr.]

Physiologie (die, -, nur Ez.) Wissenschaft vom Verhalten von Zellen, Geweben und Organen von Lebewesen [gr.]

Physionomie (die, -, nur Ez.) Lehre der Naturgesetze [gr.]

physisch natürlich; körperlich, im Gegensatz zu psychisch [gr.]

Phytologie (die, -, nur Ez.) Pflanzenkunde [gr.]

Piccoloflöte auch: Pikkoloflöte (die, -, -n) kleine Querflöte [it.-dt.]

Pidginenglisch auch: Pidgin-Englisch (das, -, nur Ez.) Mischsprache aus Englisch und einheimischen Sprachen in Asien, Polynesien und Afrika [engl.]

Piercing (das, -s, -s) Durchstechen der Haut an verschiedenen Körperteilen, um Schmuck anzubringen [engl.]

Piktogramm (das, -s, -e) grafisches Bildsymbol mit international einheitlicher Bedeutung, z. B. Totenkopf für gefährlichen Inhalt eines Gefäßes [gr.]

Pipeline (die, -, -s) Erdgas- oder Erdölleitung [engl.]

Pixel (das, -(s), -) kleinster Bildpunkt auf einem Bildschirm oder einem Foto [engl.]

Placebo (das, -s, -s) Scheinmedikament ohne Wirkstoff, das einem echten Medikament äußerlich genau gleicht und zu Forschungs- und Kontrollzwecken verwendet wird [lat.]

Plädoyer (das, -s, -s) Schlussrede eines Verteidigers oder Staatsanwalts vor Gericht [frz.]

Plagiat (das, -s, -e) Nachbildung und Nachahmung eines künstlerischen Werks [lat.-frz.]

Plasma (das, -s, nur Ez.) flüssiger Teil des Blutes, i. d. Physik (leuchtendes) Gas [gr.-lat.]

Plateau (das, -s, -s) 1. die Hochebene 2. die ebene Fläche auf einem Berg [frz.]

platonisch ausschließlich geistig-seelisch [gr.-lat.]

Plazenta (die, -, -s oder -ten) Mutterkuchen für den Stoffaustausch zwischen Mutter und Embryo [gr.-lat.]

Plebiszit (das, -s, -e) Volksabstimmung [lat.]

Plenipotenz (die, -, nur Ez.) uneingeschränkte Vollmacht, Allmächtigkeit [lat.]

Plenum (das, -s, -nen) Vollversammlung, v. a. der Mitglieder e. Parlaments [lat.]

Plot (der, -s, -s) Handlungsaufbau und -ablauf in einem Stück [engl.]

Pluralismus (der, -, nur Ez.) das Nebeneinander verschiedener weltanschaulicher, politischer oder gesellschaftlicher Richtungen [lat.]

Poesie Dichtkunst [gr.-lat.-frz.]

POPULARITÄT

Pogrom (das, -s, -e) Hetze bzw. Ausschreitungen gegen bestimmte Menschengruppen, z. B. die Judenverfolgung [russ.]

Point of no Return (der, - - - -, -s - - -) Punkt einer Handlung, von dem aus es besser ist, weiterzumachen, als umzukehren (z. B. bei einem Flug) [engl.]

Pointe (die, -, -n) Höhepunkt in einem Witz oder einer Erzählung [frz.]

Polarfront (die, -, -en) Gebiet, in dem kalte polare und warme tropische Luftströme aufeinander treffen [gr.-lat.]

Polarisation (die, -, -en) das Hervortreten von Gegensätzen [gr.-lat.]

Polemik (die, -, -en) unsachliche Kritik, scharfer Angriff [gr.-frz.]

Police (die, -, -n) Versicherungsurkunde [gr.-lat.-frz.-it.]

Poliklinik (die, -, -en) Krankenhaus für ambulante Behandlung [gr.-nlat.]

Polio (die, -, nur Ez.) Abk. für *Poliomyelitis*: Kinderlähmung [gr.-nlat.]

Politikum (das, -s, -ka) Ereignis von politischer Bedeutung [gr.-nlat.]

Polygamie (die, -, nur Ez.) Vielehe [gr.]

polyglott mehrere Sprachen sprechend [gr.]

Ponderabilien (nur Mz.) fassbare, wägbare Dinge [lat.]

Pool (der, -s, -s) Zusammenlegung von Gewinnen verschiedener Unternehmen [lat.-frz.-engl.]

Pop-Art (die, -, nur Ez.) Kunstrichtung, die alltägliche Dinge in die Kunst einbezieht und so einen neuen Bezug zwischen Kunst und Wirklichkeit herstellt [engl.]

Popularität (die, -, nur Ez.) Beliebtheit [lat.]

POPULATION

Population (die, -, -en) Gesamtbevölkerung [lat.]

Pornografie auch: Pornographie (die, -, -n) Darstellung sexueller Handlungen im Detail [gr.-nlat.]

positionieren anordnen, zuordnen, in eine bestimmte Stellung bringen [lat.]

> In der Wirtschaft werden Waren u. Dienstleistungen am Markt **positioniert**.

Positivismus (der, -, nur Ez.) Weltanschauung, die nur das tatsächlich Vorhandene und das auf Erfahrung Beruhende gelten lässt [lat.]

possessiv besitzanzeigend [lat.]

Posterität (die, -, -en) Nachkommenschaft, Nachwelt [lat.]

Potentat (der, -en, -en) jmd., der die Macht zu seinem Vorteil ausübt [lat.]

Potenz (die, -, nur Ez.) Fähigkeit zum Geschlechtsverkehr; Zeugungsfähigkeit des Mannes [lat.]

Potenzial auch: Potential (das, -s, -e) Leistungsfähigkeit, Reserve [lat.]

potenziell auch: potentiell möglicherweise [lat.-frz.]

Potpourri (das, -s, -s) Allerlei; Mischung verschiedener Lieder mit fließenden Übergängen [frz.]

PR (die, -, nur Mz.) Abkürzung für *Public Relations*: Öffentlichkeitsarbeit [engl.]

> **prä-** ist eine Vorsilbe aus dem Lateinischen, die *vor* bedeutet.

Präambel (die, -, -n) feierliche Einleitung, z. B. einer Verfassung [lat.]

prädiktabel durch wissenschaftliche Verallgemeinerung vorhersagbar [lat.]

pragmatisch sach- oder anwendungsbezogen; sachlich [lat.]

Präjudiz (das, -es, -e) Vorentscheidung, Vorurteil [lat.]

Prämisse (die, -, -n) Voraussetzung [lat.]

Präservativ (das, -s, -e) Gummischutz für das männliche Glied beim Geschlechtsverkehr zum Schutz vor Geschlechtskrankheiten, Aids und als empfängnisverhütendes Mittel [lat.]

Prävention (die, -, -en) Vorbeugung bzw. Abschreckung durch harte Strafen [lat.]

Präzedenzfall (der, -(e)s, -fälle) Beispielfall für künftige gleichartige Situationen [lat.-dt.]

Präzision (die, -, nur Ez.) Genauigkeit [lat.]

Preprint (der, -s, -s) Vorabdruck [engl.]

Pressure-Group auch: Pressuregroup (die, -, -s) Interessengruppe, die versucht, auf Parteien und Politiker Druck auszuüben [engl.]

Prestige (das, -, nur Ez.) Geltung, Ansehen [frz.]

Preview (die, -, -s) Voraufführung (z. B. Pressevorführung) eines Films vor der Premiere [engl.]

primär zuerst, vorrangig [lat.-frz.]

Primärenergie (die, -, -n) aus natürlichen Energieträgern (Öl, Gas, Kohle) entstandene Energie [lat.-dt.]

Printer (der, -s, -) automatisches Kopiergerät, das Papierbilder herstellt [engl.]

Printmedium (das, -s, -dien) Gedrucktes, wie z. B. Zeitung, Buch usw. [engl.-lat.]

Prinzip (das, -s, -ien) Grundsatz, Regel, Gesetzmäßigkeit [lat.]

Priorität (die, -, -en) Vorrangigkeit vor anderen Punkten [lat.]

Privileg (das, -s, -ien) Sonderrecht [lat.]

Produktivität (die, -, nur Ez.) Ergiebigkeit einer Leistung [lat.]

Produzent (der, -en, -en) Hersteller, der die nötigen Geldmittel zur Produktion beschafft [lat.]

profan weltlich, alltäglich [lat.]

Professional bzw. Profi (der, -s, -s) Berufssportler; jmd., der etwas fachmännisch betreibt [lat.]

Profil (das, -s, -e) Seitenansicht eines Gesichts [it.-frz.]

> ℹ️ Bei technischen Zeichnungen ist ein **Profil** ein Querschnitt. Im übertragenen Sinn steht Profil aber auch für einen ausgeprägten Charakter. Die **Profilneurose** ist die Angst, in der Masse der Konkurrenten unterzugehen.

Profit (der, -(e)s, -e) Gewinn, den man aus etwas zieht [lat.-frz.-niederl.]

Profitcenter auch: Profit-Center (das, -s, -) für den wirtschaftlichen Erfolg eigenverantwortlicher Bereich eines Unternehmens [engl.]

Progesteron (das, -s, nur Ez.) Schwangerschaftshormon [Kunstwort]

Prognose (die, -, -n) Vorhersage einer zukünftigen Entwicklung [gr.-lat.]

Progression (die, -, -en) Fortschreiten [lat.]

progressiv 1. stufenweise fortschreitend 2. fortschrittlich [lat.-frz.]

Projektion (die, -, -en) Bildübertragung auf eine große Leinwand [lat.]

> ℹ️ Sinnbildlich ist eine **Projektion** auch das Übertragen von Wünschen und Ängsten auf andere Menschen.

Prolog (der, -(e)s, -e) Vorrede [gr.-lat.]

Prominenz (die, -, nur Ez.) bekannte und berühmte Personen [lat.]

Promiskuität (die, -, nur Ez.) Geschlechtsverkehr mit häufig wechselnden Partnern [lat.]

Promoter (der, -s, -) Förderer, Manager, besonders von Künstlern und Sportlern [engl.]

Promotion (die, -, -en) 1. Verleihung des Doktortitels 2. Werbemaßnahmen [engl.]

Pronomen (das, -s, -) Wort, das anstelle eines Substantivs gesetzt wird, wie z. B. *er*, *ihres* oder *welches* [lat.]

Propaganda (die, -, nur Ez.) massive Beeinflussung der öffentlichen Meinung durch publizistische Mittel wie Presse, Rundfunk, Film u. Ä., um bestimmte politische und weltanschauliche Ideen zu verbreiten [lat.]

Proportion (die, -, -en) (ausgewogenes) Größenverhältnis [lat.]

Prosa (die, -, nur Ez.) Schreiben in Erzählform, also ohne Gebundenheit an dichterische Formen [lat.]

Proskription (die, -, -en) Ächtung [lat.]

Prostata (die, -, -tae) Vorsteherdrüse, Teil des männlichen Geschlechtsteils [gr.-nlat.]

Prostituierte (die, -n, -n) eine Frau, die gegen Bezahlung Geschlechtsverkehr ausübt [lat.-frz.]

Protagonist (der, -en, -en) Hauptdarsteller, zentraler Held eines Stücks [gr.]

Protektion (die, -, -en) Begünstigung, Schutz [lat.-frz.]

> ℹ️ Der **Protektionismus** ist ein wirtschaftliches Außenhandelssystem, bei dem die einheimischen Produzenten

z. B. durch Schutzzölle gegen ausländische Konkurrenz geschützt werden sollen.

Protestantismus (der, -, nur Ez.) Religion der christlichen Kirchen, die aus der Reformation des 16. Jhs. hervorgegangen ist [lat.]

Proton (das, -s, -en) positiv geladenes, schweres Elementarteilchen, das Baustein aller Atomkerne ist [gr.]

Prototyp (der, -s, -en) Muster- und Einzelausführung eines technischen Geräts, z. B. eines Autos [gr.]

Provenienz (die, -, -en) Herkunft [lat.]

Provision (die, -, -en) prozentuale Beteiligung am Umsatz im Handel [lat.]

Provokation (die, -, -en) Reizung, Herausforderung [lat.]

Pseudonym (das, -s, -e) Deckname [gr.]

Psyche (die, -, -n) Seelenleben [gr.]

i Die **Psychiatrie** befasst sich mit dem Seelenleben und seinen Störungen bis hin zu Geisteskrankheiten. Die **Psychoanalyse** untersucht seelische Störungen mithilfe der Deutung von Träumen und unterbewussten Triebkonflikten nach der Methode Sigmund Freuds. In der **Psychologie** geht es um die innere Gesetzmäßigkeit von bewusstem und unbewusstem Handeln.

Psychopath (der, -en, -en) Mensch, der an abnormen Gefühls- und Gemütserscheinungen leidet, die sich in Verhaltensstörungen äußern [gr.-nlat.]

Psychosomatik (die, -, nur Ez.) Wissenschaft, die sich mit den Einflüssen geistigseelischer Vorgänge (z. B. Stress) auf die Gesundheit befasst

Pub (das oder der, -s, -s) englische Bierkneipe [engl.]

Pubertät (die, -, nur Ez.) Beginn der Geschlechtsreife [lat.]

Publicity (die, -, nur Ez.) 1. das öffentliche Bekanntsein einer Person 2. öffentliches Aufsehen [frz.-engl.]

Public Relations (PR) (nur Mz.) Öffentlichkeitsarbeit, die ein Unternehmen in der Gesamtheit seiner Arbeit positiv darstellen soll, ohne direkte Produktwerbung zu betreiben [engl.]

Publizist (der, -en, -en) Journalist bzw. Schriftsteller, der Kommentare und Analysen zum aktuellen (politischen) Geschehen abgibt [lat.]

Puritaner (der, -s, -) streng sittlicher Mensch [lat.]

Q

Quadrangel (das, -s, -) Viereck [lat.]

Quadrophonie (die, -, nur Ez.) Raumklang durch Übertragung von Musik auf vier Kanälen [lat.-gr.]

Qualifikation (die, -, -en) Befähigung, Berechtigung [lat.]

Qualität (die, -, -en) Beschaffenheit, Güte [lat.]

Quantenmechanik (die, -, nur Ez.) Teilgebiet der Mechanik, das sich mit Vorgängen des Mikrokosmos beschäftigt [lat.-gr.]

Quantenphysik (die, -, nur Ez.) Teilgebiet der Physik, das sich mit Quanten und deren Erscheinung befasst [lat.-gr.]

Quantentheorie (die, -, nur Ez.) Theorie, nach der Strahlungsenergie sprunghaft in Portionen entsteht [lat.-gr.]

Q QUANTITÄT

Quantität (die, -, -en) Menge, Anzahl [lat.]

Quarantäne (die, -, nur Ez.) isolierende Absonderung, wodurch eine Übertragung von Krankheiten verhindert werden soll [lat.-frz.]

Quartal (das, -s, -e) Vierteljahr [lat.]

Quästion (die, -, -en) in einer Diskussion gestellte und gelöste wissenschaftliche Frage [lat.]

Querulant (der, -en, -en) Mensch, der sich ständig über Kleinigkeiten beschwert und ständig etwas zu nörgeln hat [lat.]

Queue (die, -, -s) lange Reihe, Schlange [frz.]

i Beim Billard ist der **Queue** ein Stock, mit dem die Kugel gestoßen wird.

Quickwert (der, -(e)s, -e) Blutgerinnungsfaktor [engl.-dt.]

Quotenmethode (die, -, -n) Stichprobenverfahren bei der Meinungsforschung [lat.-gr.]

Quotient (der, -en, -en) Ergebnis einer Division [lat.]

R

Radar (das oder der, -s, -e) Ortungsverfahren mithilfe elektromagnetischer Wellen, die von Gegenständen reflektiert werden [engl.]

radikal hart und kompromisslos [lat.]

i Der **Radikalismus** in der Politik ist unabhängig von der politischen Richtung und bezeichnet eine harte, bis zum Äußersten gehende politische Bewegung.

Radioaktivität (die, -, nur Ez.) Eigenschaft von Atomkernen zu zerfallen und dabei radioaktive Strahlen abzugeben [lat.]

Radiokarbonmethode (die, -, nur Ez.) Methode zur Bestimmung des Alters von organischen Stoffen anhand ihres Gehalts an radioaktivem Kohlenstoff [lat.]

Radiologie (die, -, nur Ez.) Wissenschaft von den Röntgenstrahlen und anderen radioaktiven Strahlen [lat.]

Radiostern (der, -(e)s, -e) Stern, der elektromagnetische Strahlung aussendet [lat.-dt.]

Radiowelle (die, -, -n) elektromagnetische Strahlung [lat.-dt.]

RAM Abkürzung für *random access memory*: Hauptspeicher eines Computers [engl.]

Ranking (das, -s, -s) Bewertung, Rangliste (bes. in der Wirtschaft) [engl.]

Rassismus (der, -, nur Ez.) übertriebenes Rassendenken [it.-frz.-nlat.]

Rasterelektronenmikroskop (das, -s, -e) hochauflösendes Mikroskop, das das zu vergrößernde Objekt mit einem Elektronenstrahl abtastet [lat.-gr.]

Ratifizierung (die, -, -en) das Inkraftsetzen eines völkerrechtlichen Vertrags durch den Beschluss, die Bestätigung eines Parlaments [lat.]

Ratio (die, -, nur Ez.) die Vernunft [lat.]

rational von der Vernunft bestimmt, vernünftig, die Ratio betreffend [lat.]

rationell zweckmäßig, sparsam [lat.]

Rave (der oder das, -(e)s, -s) rhythmischer, schneller Musikstil der 1990er-Jahre, Tanzveranstaltung mit der gleichnamigen Musik [engl.]

R REAKTION

> **i** re- Wortbildungssilbe, die aus dem Lateinischen stammt. Zu den zahlreichen möglichen Bedeutungen zählen *gegen*, *zurück*, *wieder* und *neu*.

> **i** In der bildenden Kunst sowie der Literatur ist der **Realismus** eine Stilform, die die Wirklichkeit besonders genau nachzubilden versucht.

Reaktion (die, -, -en) Antwort, Gegenhandlung [lat.]

Reaktionär (der, -s, -e) Person, die sich gegen eine fortschrittliche Entwicklung stellt und jede polit. oder gesell. Neuerung grundsätzlich ablehnt [lat.-frz.]

Reaktor (der, -s, -en) Anlage zur Gewinnung von Energie durch die kontrollierte Reaktion von Atomkernen [lat.]

Realisation (die, -, -en) Verwirklichung, Herstellung [lat.-frz.]

Realismus (der, -, nur Ez.) Grundhaltung, die sich am „Machbaren" und damit an der Wirklichkeit orientiert [lat.]

Realität (die, -, -en) tatsächliche Wirklichkeit [lat.-frz.]

Realitäten (nur Mz.) Immobilien, Grundeigentum [lat.]

Realityshow auch: Reality Show (die, -, -s) Unterhaltungssendung, die wahre Unglücke live sendet oder nachstellt [engl.]

Reanimation (die, -, -en) Wiederbelebung, beispielsweise durch Mund-zu-Mund-Beatmung oder Herzmassage [lat.]

Recall (der, -s, -s) 1. Rückruf eines fehlerhaften Produkts 2. Erinnerung, Mahnung [engl.]

Receiver (der, -s, -) Kombination aus Hifi-Radio-

REGENERATION

empfänger und Verstärker [engl.]

Recycling (das, -s, -s) Wiedereinführung von Abfall und benutzten Rohstoffen in den Produktionsprozess [engl.]

Redakteur (der, -s, -e) ein für den Inhalt eines Zeitungsartikels, eines Buches oder einer Fernseh-/Rundfunksendung verantwortlicher Mitarbeiter [lat.-frz.]

redigieren als Redakteur einen Text bearbeiten, druckfertig machen [lat.-frz.]

Reduktion (die, -, -en) Verringerung, Rückführung [lat.]

Redundanz (die, -, -en) Überfluss in der Sprache und Information [lat.]

i **Redundante Wörter** liefern keine neuen, zusätzlichen Informationen und könnten deshalb weggelassen werden.

Referenz (die , -, -en) Empfehlung von einer Vertrauensperson; auch Beziehung eines Wortes zur realen Welt [lat.-frz.]

Refinanzierung (die, -, -en) Aufnahme von Krediten, um selbst Kredite zu geben [lat.-frz.]

Reflex (der, -es, -e) spontane, vom Willen nicht beeinflusste Reaktion [lat.-frz.]

Reflexion (die, -, -en) Überdenken, Nachdenken [lat.-frz.]

Reform (die, -, -en) Verbesserung, Neuordnung von etwas schon Bestehendem [lat.-frz.]

Refrain (der, -s, -s) Wiederholung von Lied- oder Gedichtstrophen in regelmäßigen Abständen [lat.-frz.]

Regeneration (die, -, nur Ez.) Wiederherstellung, Erneuerung, Rückgewinnung [lat.]

Regie (die, -, nur Ez.) künstlerische Leitung am Theater oder beim Film [lat.-frz.]

Regime (das, -s, -s) Regierungsform gegen das eigene Volk [lat.-frz.]

ℹ️ Ein **Regimekritiker** klagt die totalitäre Herrschaft eines Regimes in seinem Land an.

Rehabilitation (die, -, -en) Wiedereingliederung eines Kranken oder Behinderten in die Gesellschaft und in den Beruf [lat.]

Reinkarnation (die, -, -en) Rückkehr einer Seele in den menschlichen Leib nach dem buddhistischen Prinzip der Seelenwanderung [lat.]

Rekonstruktion (die, -, -en) detailgenauer Wiederaufbau eines zerstörten Gegenstands [lat.]

rektal durch den Darm [lat.]

Relation (die, -, -en) Verhältnis zwischen zwei Dingen [lat.]

relativieren etwas in die richtige Verhältnismäßigkeit setzen [lat.]

Relativitätstheorie (die, -, nur Ez.) die physikalische Theorie Albert Einsteins, nach der Raum, Zeit und Masse vom Bewegungszustand eines Betrachters abhängen und demnach relativ sind [lat.]

relevant von Bedeutung [lat.-frz.]

Reliktenfauna (die, -, -nen) die letzten noch lebenden Tiere einer aussterbenden Gattung [lat.]

Reliktenflora (die, -, -nen) die letzten noch lebenden Pflanzen einer aussterbenden Gattung [lat.]

Reminiszenz (die, -, en) eine bedeutsame Erinnerung, Anklang, Überbleibsel [lat.]

REPUBLIK

Remis (das, -, -) unentschiedener Wettkampf, v. a. beim Schach [frz.]

Renaissance (die, -, nur Ez.) wörtlich: Wiedergeburt; Wiederaufleben [lat.-frz.]

i Die **Renaissance** ist auch eine Kulturbewegung des 14. bis 16. Jhs., die geprägt war von einer Rückbesinnung auf die alten Werte der griechisch-römischen Antike.

Renaturierung (die, -, -en) Rückführung in einen naturnahen Zustand [lat.]

Rendite (die, -, -n) Ertrag eines eingesetzten Kapitals [it.]

Renegation (die, -, -en) Abfall von einem Glauben [lat.]

Repertoire (das, -s, -s) einstudiertes Programm eines Theaters, Schauspielers oder Sängers [lat.-frz.]

repetitiv sich wiederholend [lat.]

Replacement (das, -s, -s) Ersatz; v. a. das Ersetzen von Arbeitskräften durch Maschinen [engl.]

Replik (die, -, -en) Erwiderung [lat.]

Replikat (das, -(e)s, -e) Nachbildung [lat.]

Report (der, -(e)s, -e) dokumentarischer Bericht [lat.-engl.]

Repräsentation (die, -, -en) Vertretung einer Gruppe oder Firma durch eine einzelne Person, den Repräsentanten [frz.]

Repressalie (die, -, -n) Unterdrückungsmaßnahme, z. B. in autoritären Staaten [lat.]

Reproduktion (die, -, -en) Vervielfältigung [lat.]

Republik (die, -, -en) Staatsform, in der sich mehrere Personen die Herrschaft teilen [lat.-frz.]

Wird Deutsch zu Denglisch?

Nach ersten Wortübernahmen ab der Mitte des 17. Jahrhunderts wurde der englisch-deutsche Sprachkontakt seit der Mitte des 19. Jahrhunderts intensiver. Damals, während der von England ausgehenden Industrialisierung, waren es englische Begriffe aus den Bereichen Parlamentarismus, Industrie, Ökonomie, Bankwesen und Sport, die Eingang in das Deutsche fanden.

Inzwischen ist Englisch die Verkehrssprache der globalisierten Welt. Daher stammen seit dem Beginn des 20. Jahrhunderts die meisten neuen Fremdwörter im Deutschen aus dem Englischen. In Bereichen wie der Telekommunikation oder Informationstechnologie kann dies zu Texten führen, die ein des Englischen Unkundiger nicht versteht. Und auch die Werbesprache sowie die Jugendsprache sind durchsetzt von englischen Begriffen. Neben dezidiert englischen Wörtern (*Baby, Kid, cool*) finden sich immer häufiger hybride Formen, d. h. Kombinationen von deutschen und englischen Wörtern (*Talkrunde, BahnCard, Upgrade-Verfahren, Einkaufscenter, Reiseshop, Open-Air-Gefühl, Instant-Kaffee*). Außerdem werden mit englischem „Baumaterial" Wörter gebildet, die es so, oder mit dieser deutschen Bedeutung, im Englischen gar nicht gibt (*Dressman, Showmaster, Public-Viewing, Handy, Body*). Außerdem lässt sich ein latenter englischer Einfluss auf den Satzbau beobachten. (*Ich bin in die Stadt gefahren heute Morgen. Wir müssen* (meint: *dürfen*) *das nicht tun. Das macht keinen Sinn. Du musst das richtig kommunizieren!*)

Ist also das Deutsche auf dem Weg, eine Hybridform des Englischen zu werden? Werden wir bald alle „Denglisch" sprechen? Ja und Nein. Zur Zeit des Humanismus besaß das Lateinische eine ähnliche Funktion für das Deutsche wie sie heute das Englische innehat. Latein war die Sprache der Gelehrten, der Schriftlichkeit und der Politik. Wissenschaftliche Bücher wurden nur in Latein veröffentlicht. Auch im mündlichen Sprachgebrauch vermischte sich Latein mit dem Deutschen, ganz ähnlich dem Englischen heute. Und genauso hat sich die Übernahme von lateinischen Wortbildungsmustern und Suffixen zur Zeit des Humanismus auf das Deutsche ausgewirkt. Mithilfe dieser Baupläne hat das Deutsche neue Wörter geschaffen, die mit dem vorhandenen, deutschen Baumaterial so nicht möglich gewesen wären (*multilateral*, *Automobil*, *nuklear*, *Psychoanalyse*, *operieren*, *Schlendrian*, *Grobian*, *Marxist*, *Assistent*, *Atheismus*).

Obwohl also das Lateinische durchaus tief in das System des Deutschen eingedrungen ist, wurde es schließlich von der deutschen Sprache aufgesogen. Seitdem gibt es zusätzliche hilfreiche Begriffe und dennoch sprechen die Deutschen, fünfhundert Jahre nach dem Humanismus, immer noch eindeutig Deutsch. Die Gesellschaft für deutsche Sprache schreibt dazu im Jahr 1999: „Die Dominanz des Englischen hat dazu geführt und wird weiter dazu führen, dass diese Sprache das Deutsche – wie auch andere Sprachen – beeinflusst. Wie weit dieser Einfluss geht, entscheiden die Deutschsprechenden selbst."

R REQUISIT

Requisit (das, -s, -en) Zubehör für die Theaterbühne oder den Film [lat.]

Research (das, -(s), -s) Markt- sowie Meinungsforschung [engl.]

Reservation (die, -, -en) ein abgeschlossenes Schutzgebiet für Indianer in Nordamerika [engl.]

resignieren verzichten, sich widerstandslos in eine Situation ergeben [lat.]

resistent widerstandsfähig, unempfindlich [lat.]

Resolution (die, -, -en) Beschluss, Protesterklärung [lat.-frz.]

Resonanz (die, -, -en) Widerhall [lat.]

resorbieren gewisse Stoffe aufnehmen [lat.]

Resozialisierung (die, -, -en) Wiedereingliederung eines ehemaligen Strafgefangenen in die Gesellschaft [lat.-engl.]

Ressort (das, -s, -s) Fachbereich, Zuständigkeitsbereich [frz.]

Ressource (die, -, -n) Rohstoff zur Industrieproduktion, Kraftvorrat, Geldmittel [lat.-frz.]

Restitutionsklage (die, -, -n) Klage auf Wiederaufnahme eines rechtskräftig abgeschlossenen Verfahrens [lat.-dt.]

Resümee (das, -s, -s) Zusammenfassung, Fazit [lat.-frz.]

Retortenbaby (das, -s, -s) ein Kind, das aus einem außerhalb des Mutterleibs befruchteten Ei, das anschließend wieder in die Gebärmutter zurückverpflanzt wurde, entstanden ist [lat.-engl.]

retroaktiv rückwirkend [lat.]

Revanche (die, -, -n) 1. Vergeltung 2. Gegenleistung 3. Möglichkeit, durch ein erneutes

Spiel eine erlittene Niederlage wettzumachen [frz.]

Revision (die, -, -en) letzte Gerichtsinstanz bei Strafprozessen, bei der aber nur noch Verfahrensfehler bzw. eine fehlerhafte Anwendung eines Gesetzes beanstandet werden können [lat.]

Revolte (die, -, -n) Auflehnung, Aufstand, Empörung [lat.-it.-frz.]

Revolution (die, -, -en) Umsturz und Umwälzung aller geltenden politischen und sozialen Regeln [lat.-frz.]

Rezension (die, -, -en) kritische Besprechung eines neuen Buches [lat.]

Rezession (die, -, -en) Rückgang des Wirtschaftswachstums [lat.]

reziprok wechselseitig [lat.]

Rhetorik (die, -, nur Ez.) Redekunst [gr.-lat.]

Ritual (das, -s, -e) religiöser Brauch [lat.]

Roboter (der, -s, -) elektronisch gesteuertes Gerät, das manuelle Arbeiten ausüben kann [tschech.]

Rock and Roll auch: Rock 'n' Roll (der, -, nur Ez.) in Amerika zu Beginn der 1950er-Jahre entstandene Musikform, die Rhythm and Blues mit Countrymusic u. Dixieland-Jazz kombiniert [engl.]

ROM Abkürzung für *read only memory*: Datenspeicher, dessen Daten nur gelesen, aber nicht verändert werden können [engl.]

Rotation (die, -, -en) Drehung um eine feste Achse [lat.]

Rotationsprinzip (das, -s, nur Ez.) Verfahren, bei dem ein Amt nach einer bestimmten Zeit an eine andere Person abgegeben wird [lat.]

Rouge (das, -s, -s) 1. rote Schminke für die Wangen 2. Rot als Farbe beim Roulett [frz.]

Round-Table-Konferenz (die, -, -en) Konferenz um einen runden Tisch mit gleichberechtigten Gesprächspartnern [engl.-lat.]

Rubrik (die, -, -en) Ordnungsspalte [lat.]

Ruin (der, -s, nur Ez.) Zusammenbruch, Untergang [lat.-frz.]

Runway (der, -(s), -s oder die, -, -s) Start- und Landebahn für Flugzeuge [engl.]

Rushhour (die, -, meist ohne Plural) Stoßverkehrszeit zum Arbeitsbeginn und -ende [engl.]

S

Sabotage (die, -, -n) Störung der Wirtschaftsproduktion oder militärischer Einrichtungen durch Zerstörung von notwendigen Einrichtungen oder passiven Widerstand [frz.]

Sadismus (der, -, nur Ez.) sexuelle Erregung beim Quälen von anderen [frz.-nlat.]

i Der **Sadomasochismus** verbindet die Lust am Quälen mit der Lust am Gequältwerden.

Safe (der, -s, -s) besonders sicherer Stahlbehälter zur Aufbewahrung von Wertsachen [engl.]

Safer Sex (der, -, nur Ez.) Benutzung eines Kondoms beim Sex zum Schutz vor Ansteckung mit Krankheiten [engl.]

Saldo (der, -s, -s oder -den oder -di) der Unterschied zwischen Soll und Haben bei einem Konto [it.]

Sanierung (die, -, -en) „Wiedergesundmachung" in finanzieller Hinsicht oder im Städtebau; Renovierung oder Abriss verfallener Häuser [lat.]

Sanktion (die, -, -en) Strafe; Maßnahme gegen einen Staat, der das Völkerrecht verletzt hat [lat.]

Sarkasmus (der, -, nur Ez.) beißender Spott [gr.-lat.]

Satire (die, -, -n) ironischer Spott, oft auf menschliche Schwächen und gesellschaftliche Fehlentwicklungen abzielend [lat.]

scannen Gegenstände mit einem Scanner abtasten [engl.]

Scene (die, -, nur Ez.) 1. Milieu Rauschgiftabhängiger 2. Jugendszene [engl.]

Schalom Friedensgruß [hebr.]

Schizophrenie (die, -, nur Ez.) 1. Persönlichkeitsspaltung, extreme Verhaltensstörung, 2. Unsinnigkeit, absurdes Verhalten (ugs.) [gr.]

Science-Fiction auch: Sciencefiction (die, -, nur Ez.) Abenteuerliteratur und -filme, die sich mit utopischen Zukunftsvorstellungen befassen und auf naturwiss.-techn. Grundlagen beruhen [engl.]

scratchen eine Schallplatte auf dem Plattenteller so hin- und herbewegen, dass besondere akustische Effekte entstehen [engl.]

Screen (der, -s, -s) Computerbildschirm [engl.]

Séance (die, -, -n) spiritistische Sitzung [lat.-frz.]

Secondhandshop (der, -s, -s) Geschäft, das gebrauchte Kleidung verkauft [engl.]

Secret Service (der, -, nur Ez.) britischer Geheimdienst [engl.]

sedativ beruhigend [lat.]

Sedierung (die, -, -en) Schmerzlinderung durch Verabreichung von Medikamenten, Beruhigung eines Patienten [lat.]

Segregation (die, -, -en) Absonderung von Menschengruppen aus verschiedenen

Gründen, z. B. Rassentrennung [lat.]

Seismograf auch: Seismograph (der, -en, -en) Messgerät für die Stärke und Dauer eines Erdbebens [gr.]

Sekte (die, -, -n) kleine religiöse Gemeinschaft [lat.]

Selektion (die, -, -en) Auslese [lat.]

senil vergreist [lat.]

Seniorchef (der, -s, -s) Inhaber eines Unternehmens, in dem auch sein Sohn beschäftigt ist [lat.]

Sensibilität (die, -, nur Ez.) Empfindsamkeit [lat.-frz.]

Sensitivität (die, -, nur Ez.) Feinfühligkeit [lat.]

Sensor (der, -s, -en) elektronisches Fühlgerät [lat.]

Separatismus (der, -, nur Ez.) Wunsch nach Gebietsabtrennung mit dem Ziel der Gründung eines Staates [lat.]

Sequenz (die, -, -en) Aufeinanderfolge [lat.]

Serum (das, -s, -ren oder -ra) flüssiger Anteil des Blutplasmas, der nach einer Immunisierung mit Antikörpern angereichert ist und als Impfstoff dient [lat.]

Server (der, -s, -) zentraler Rechner, der ein Speichermedium lenkt, auf das verschiedene Rechner zurückgreifen [engl.]

Servolenkung (die, -, -en) hydraulische Lenkhilfe, die das Lenken von Fahrzeugen erleichtert [lat.-dt.]

Sexismus (der, -, nur Ez.) diskriminierendes geschlechtsbezogenes Verhalten, oft gegenüber Frauen [lat.-engl.]

Shareholder (der, -s, -) Aktionär [engl.]

Shareware (die, -, nur Ez.) billige Software, die man erst bezahlen muss, wenn sie benutzt wird [engl.]

Schoah auch: Shoa (die, - nur Ez.) der von den Nazis verübte

Völkermord an den Juden [hebr.]

Shooting (das, -s, -s) Fototermin [engl.]

Showdown auch: Show-down (der, -s, -s) entscheidender Kampf [engl.]

Showview (das, -s, nur Ez.) verschlüsselte Ziffernfolge, die das Programmieren eines Videorekorders vereinfacht [engl.]

Signatur (die, -, -en) Unterschrift [lat.]

Signet (das, -s, -s) (verkürzter) Namenszug, Firmenzeichen [lat.]

signifikant bedeutsam, auffallend [lat.]

simultan gleichzeitig [lat.]

Single (der, -s, -s) 1. allein lebender Mensch ohne Bindung an einen Partner 2. Schallplatte oder CD mit nur wenigen Titeln [lat.-frz.-engl.]

Skepsis (die, -, nur Ez.) Zweifel, Ungläubigkeit [gr.]

Skinhead (der, -s, -s) oft rechtsradikaler Jugendlicher mit Kurzhaarschnitt bzw. Glatze, der zu aggressivem Verhalten oder Gewalttätigkeit neigt [engl.]

Skonto (das oder der, -s, -s oder -ti) Zahlungsabzug, oft bei Barzahlung [lat.-it.]

skurril sonderbar, befremdend [lat.]

Slang (der, -s, -s) Umgangssprache [engl.]

Slapstick (der, -s, -s) grotesk-komischer Gag, v. a. im Stummfilm [engl.]

Slogan (der, -s, -s) Werbespruch, Parole [engl.]

Slum (der, -s, -s) Elendsviertel [engl.]

Smog (der, -s, nur Ez.) dichter Nebel aus Rauch und Abgasen [engl.]

ℹ️ Der **Smog** tritt besonders über großen Industriestädten auf.

sniffen Einatmen von berauschenden Dämpfen, die süchtig machen [engl.]

Snob (der, -s, -s) überheblicher Mensch, der vorgibt, bes. vornehm zu sein [engl.]

Snobismus (der, -, -men) Wichtigtuerei [engl.-lat.]

Soccer (das oder der, -s, nur Ez.) amerikanische Bezeichnung für Fußball [engl.]

Software (die, -, nur Ez.) für den Betrieb einer elektron. Datenverarbeitungsanlage nötige Programme und Benutzungsanweisungen [engl.]

Soiree (die, -, -n) festliche Abendveranstaltung [frz.]

Solarenergie (die, -, -n) aus der Sonnenkraft gewonnene elektrische Energie [lat.]

Solidarität (die, -, nur Ez.) Zusammengehörigkeitsgefühl, das Einspringen aller für einen [lat.-frz.]

Solipsismus (der, -, nur Ez.) Meinung, dass nur das eigene Ich real ist und die anderen nur dessen Vorstellungen sind [lat.]

solvent zahlungsfähig [lat.]

Somnambulismus (der, -, nur Ez.) Schlafwandeln [lat.]

> **i** **-sophie** ist eine aus dem Griechischen stammende Nachsilbe, die auf eine Wissenschaft im Sinne einer Weisheit hinweist, z. B. *Philosophie*.

sotto voce mit halber Lautstärke [it.]

Soundcheck (der, -s, -s) Testen des Klangs und der Akustik vor einem Rockkonzert [engl.]

Soundkarte (die, -, -n) Computerchip, der verschiedene Klänge erzeugt, um auf bestimmte Ereignisse akustisch hinzuweisen [engl.-dt.]

Soundtrack (der, -s, -s) Filmmusik [engl.]

Souverän (der, -s, -e) unumschränkter Herrscher eines Landes [lat.-frz.]

souverän überlegen [lat.-frz.]

Souveränität (die, -, nur Ez.) die Unabhängigkeit eines Staates von anderen [lat.-frz.]

sozial gesellschaftlich [lat.-frz.]

Sozialstaat (der, -(e)s, -en) ein Staat, der jeden Bürger durch soziale Leistungen absichert [lat.-dt.]

> ℹ️ In einem **Sozialstaat** werden auch diejenigen geschützt, die sich ihren Lebensunterhalt nicht oder nur zum Teil selbst verdienen können.

Soziologie (die, -, nur Ez.) Wissenschaft, die sich mit der Entwicklung der Gesellschaft befasst [lat.]

Spastiker (der, -s, -) Mensch, der an krampfartigen Spannungszuständen der Muskulatur leidet [gr.-lat.]

Spektrum (das, -s, -tren und -tra) Bandbreite, Farbfolge gebrochenen Lichts von Rot bis Violett [lat.]

Spekulant (der, -en, -en) jmd., der ausschließlich auf Gewinn ausgerichtete, oft riskante Geschäfte macht (z. B. Wohnungsspekulant, Börsenspekulant) [lat.]

Spekulation (die, -, -en) Mutmaßung, gewagtes Geschäft [lat.]

> ℹ️ Im wirtschaftlichen Bereich versteht man unter **Spekulation** ein riskantes Geschäft, bei dem man sich Gewinne durch erwartete zukünftige Preisänderungen verspricht.

Sperma (das, -s, -men oder -ta) Samenflüssigkeit mit Keimzellen [gr.-lat.]

SPERMIZID

Spermizid (das, -s, -e) empfängnisverhütendes Mittel, das die Spermazellen abtötet [gr.-lat.]

Spikes (nur Mz.) Metallstifte an Laufschuhen oder Autoreifen, um die Griffigkeit zu erhöhen [engl.]

Spleen (der, -s, -e oder -s) Verschrobenheit, Eigenwilligkeit [gr.-lat.-engl.]

splendid 1. freigebig 2. kostbar 3. auseinandergerückt [lat.]

Sponsor (der, -s, -en) finanzieller Förderer, z. B. eines Sportlers [lat.-engl.]

sporadisch selten, von Zeit zu Zeit [gr.-frz.]

Spot (der, -s, -s) Werbefilm im Fernsehen [engl.]

Spotlight (das, -s, -s) Punktscheinwerfer [engl.]

Stagnation (die, -, -en) Stillstand [lat.]

Stand-by-Betrieb auch: Standbybetrieb (der, -(e)s, -e) Betriebsart, bei der ein Gerät ausgeschaltet ist, aber durch die Fernbedienung jederzeit aktiviert werden kann [engl.-dt.]

Standardisierung (die, -, -en) Vereinheitlichung [germ.-engl.-frz.]

Standing (das, -s, nur Ez.) Rang, Ansehen [engl.]

State Department (das, -s, nur Ez.) das amerikanische Außenministerium [engl.]

Statement (das, -s, -s) (offizielle) Erklärung [engl.]

Statik (die, -, nur Ez.) Teilgebiet der Mechanik, das sich mit dem Gleichgewicht von Kräften an ruhenden Körpern beschäftigt [gr.]

Statist (der, -en, -en) Nebenfigur mit stummer Rolle im Film oder im Theater [lat.]

Statussymbol (das, -s, -e) Wertsache, mit der jmd. zeigen will, dass er zu einer bestimmten Gesellschaftsschicht gehört [lat.]

Stereotypie (die, -, nur Ez.) Eintönigkeit [gr.]

steril keimfrei [lat.-frz.]

Sterilisation (die, -, -en) unfruchtbar oder zeugungsunfähig machen [lat.-frz.]

Stimulation (die, -, -en) Anreiz, Anregung [lat.]

Stipendium (das, -s, -dien) Finanzierung bzw. finanzielle Unterstützung eines Studiums [lat.]

stoisch unbewegt, nicht zu erschüttern [gr.-lat.]

stoned im Drogenrausch [engl.]

Storno (der oder das, -s, -ni) Buchungsberichtigung [lat.-it.]

Strategie (die, -, -n) geplantes Handeln, mit dem ein bestimmtes Ziel erreicht werden soll [gr.-lat.]

Stratosphäre (die, -, nur Ez.) eine 12–80 Kilometer hoch gelegene Schicht der Lufthülle um die Erde [lat.-gr.]

Streetworker (der, -s, -) Sozialarbeiter, der sich um gefährdete Jugendliche nicht nur vom Büro aus, sondern auch an ihren Treffpunkten kümmert

Stress (der, -es, nur Ez.) Belastung des Körpers und der Psyche durch die ständige Forderung nach erhöhter Leistung [engl.]

Strobolight (das, -s, -s) schnell und grell flackerndes Licht (z. B. für Effekte in Diskotheken) [engl.]

Stuntman (der, -, -men) Schauspieler, der bei gefährlichen Filmszenen einen anderen Schauspieler doubelt [engl.]

stupid stumpfsinnig [engl.]

Styling (das, -s, -s) Formgebung, Aufmachung [engl.]

Suada auch: Suade (die, -, -den) 1. Redeschwall 2. Beredsamkeit

suave lieblich, sanft [lat.-it.]

SUBATOMAR

> **sub-** Vorsilbe aus dem Lateinischen mit der Bedeutung *unter*

subatomar kleiner als ein Atom [lat.]

subjektiv auf die eigene Person bezogen, persönlich; einseitig [lat.]

Subkontinent (der, -(e)s, -e) geografisch geschlossener Teil eines Kontinents, der durch Ausmaß und geografische Lage nahezu selbstständig ist [lat.]

Subkultur (die, -, -en) Gegenkunst zur üblichen Kunstszene [lat.]

Sublimierung (die, -, -en) Verdrängung [lat.]

> In der Psychologie versteht man unter **Sublimierung** die Umsetzung eines unbefriedigten Sexualtriebs in kulturelle, künstlerische Leistungen.

Submission (die, -, -en) Vergabe eines Auftrags an denjenigen, der die geringsten finanziellen Forderungen stellt [lat.]

Subsidiaritätsprinzip (das, -s, -ien) Prinzip, bei dem der Staat den Bürgern hilft, wenn andere Sicherungssysteme wegfallen [lat.]

Substantiv (das, -s, -e) Wort, das ein Lebewesen, einen Gegenstand oder auch einen Begriff beschreibt [lat.]

Substitution (die, -, -en) Ersetzung durch etwas Gleichartiges [lat.]

subtrahieren abziehen (in der Mathematik) [lat.]

subtil schwierig, Feingefühl erfordernd [lat.]

Suburb (der, -s, -s) Vorstadt [lat.-engl.]

Subvention (die, -, -en) staatlicher Zuschuss [lat.]

Subversion (die, -, -en) Zersetzung, Umsturz [lat.]

Subway (die, -, -s) Untergrundbahn [engl.]

Suffokation (die, -, -en) Erstickung [lat.]

Suggestion (die, -, -en) Einflüsterung; Beeinflussung eines Menschen [lat.]

Suizid (der, -(e)s, -e) Selbstmord [lat.]

sukzedan aufeinanderfolgend [lat.]

sukzessiv nach und nach, allmählich [lat.]

> ℹ️ **super-** aus dem Lateinischen stammende Vorsilbe, die die Bedeutung *über* hat.

Superlativ (der, -s, -e) höchster Wert [lat.]

supersonisch schneller als Schallgeschwindigkeit [lat.]

Supervision (die, -, -en) Beratung von Arbeitsteams oder Psychotherapeuten [lat.-engl.]

Supplement (das, -s, -s) Ergänzung, z. B. Wochenendbeilage einer Tageszeitung, die kostenlos mitgeliefert wird [lat.]

Survey (der, -(s), -s) 1. Umfrage zur Markt- und Meinungsforschung 2. Gutachten im Warenhandel [engl.]

Survivaltraining (das, -s, -s) Überlebensübung im unwegsamen Gelände [engl.]

suspekt verdächtig [lat.]

suspendieren vom Dienst entheben [lat.]

Swing (der, -(s), nur Ez.) Form des Jazz, die v. a. in den 1930er-Jahren beliebt war [engl.]

> ℹ️ In der Wirtschaft ist ein **Swing** ein Kredit, den zwei Länder zur Stützung ihrer gegenseitigen Handelsbeziehungen vereinbaren.

Swinger (nur Mz.) Paare, die einen Partnertausch betreiben [engl.]

SYMBIOSE

> **sym-/syn-** Vorsilben aus dem Griechischen, mit denen Substantive und Adjektive gebildet werden. Sie bedeuten *miteinander* oder *zusammen*.

Symbiose [die, -, -n] Zusammenleben von unterschiedlichen Lebewesen zu beiderseitigem Nutzen [gr.]

symbolisch durch Sinnbilder dargestellt [gr.-lat.]

symmetrisch 1. auf beiden Seiten einer gedachten Achse spiegelbildlich gleich 2. ebenmäßig [gr.-lat.]

Sympathie (die, -, -n) Zuneigung [gr.-lat.]

symptomatisch bezeichnend für eine Sache [gr.]

Synalgie (die, -, -n) Schmerzempfindung in Körperteilen, die nicht erkrankt sind [gr.-lat.]

synchron gleichzeitig [gr.-nlat.]

Synkope (die , -, -n) das Ausfallen eines unbetonten Vokals im Wortinneren; auch rhythmische Verschiebung in der Musik [gr.-lat.]

synonym mit gleicher oder ähnlicher Bedeutung, sinnverwandt [gr.-lat.]

Synthese (die, -, -en) Verbindung einzelner Teile zu einem übergeordneten Ganzen [gr.-lat.]

> In der Philosophie ist die **Synthese** die Aufhebung der Behauptung (These) und Gegenbehauptung (Antithese) in eine höhere Einheit.

Synthesizer (der, -s, -) elektronisches Musikinstrument mit Möglichkeiten zur Frequenzmodulation [engl.]

synthetisch 1. künstlich hergestellt 2. zusammensetzend [gr.]

Syphilis (die, -, nur Ez.) gefährliche Geschlechtskrankheit [lat.]

systematisch ordentlich gegliedert [gr.-lat.]

systemimmanent innerhalb eines Systems liegend, darin begründet und enthalten [gr.-lat.]

systemkonform mit einem politischen System übereinstimmend (gleichgeschaltet) [gr.-lat.]

T

Tabu (das, -s, -s) ungeschriebenes Gesetz, Thema, über das man nicht spricht [polynes.]

Tachograf auch: Tachograph (der, -en, -en) Messgerät, das Geschwindigkeiten aufzeichnet [gr.-nlat.]

Take (der oder das, -s, -s) Teil einer Einstellung im Film. Auch Musikstücke werden in verschiedenen Takes aufgenommen – die besten davon kommen in die Endabmischung. [engl.]

Take-off auch: Takeoff (der oder das, -s, -s) Abheben eines Flugzeugs oder einer Rakete [engl.]

Taktik (die, -, -en) überlegtes Vorgehen [gr.-frz.]

Talmud (der, -(e)s, -e) jüdische Gesetzessammlung [hebr.]

Tambourin (das, -s, -s) mit Fellen bespannte Trommel [frz.]

Tampon (der, -s, -s) Wattebausch, der Flüssigkeiten aufsaugt [germ.-frz.]

tangieren in einem Punkt berühren [lat.]

Tantieme (die, -, -n) Gewinnbeteiligung oder Vergütung für die Wiederverwendung von literarischen Texten oder Musikstücken [lat.-frz.]

T TAPE

Tape (das, -s, -s) 1. Magnetband 2. Kassette 3. Klebeband (ugs.) [engl.]

Tapedeck (das, -s, -s) Tonbandgerät [engl.]

Tapeverband (der, -(e)s, -bände) Verband aus festem selbstklebenden Gewebe [engl.-dt.]

Tarif (der, -s, -e) festgelegte Höhe von Preisen, Löhnen und Gehältern [arab.-it.-frz.]

Tarifautonomie (die, -, nur Ez.) Recht von Arbeitnehmern und Arbeitgebern, Löhne und Gehälter frei, d. h. ohne Einflussnahme von staatlichen Stellen, auszuhandeln [arab.-it.-frz.-gr.]

Team (das, -s, -s) Mannschaft, Gruppe von Menschen, die eine Aufgabe gemeinsam lösen wollen [engl.]

Teamwork (das, -s, nur Ez.) Gemeinschaftsarbeit [engl.]

Teaser (der, -s, -) ein Werbemittel, um die Aufmerksamkeit des Kunden auf sich zu ziehen, z. B. eine neue Verpackung [engl.]

Techno (der, -s, nur Ez.) stark rhythmisierte, schnelle elektronische Musik [gr.-engl.]

Technokratie (die, -, nur Ez.) Herrschaft der Technik über den Menschen [gr.-engl.]

i **Technokratien** setzen technischen Fortschritt an erste Stelle und vernachlässigen dabei soziale oder umweltpolitische Folgen.

Technolekt (der, -(e)s, -e) Fachsprache [gr.-nlat.]

Teint (der, -s, -s) Tönung und Beschaffenheit der Gesichtshaut [lat.-frz.]

Tektogenese (die, -, nur Ez.) alle tektonischen Vorgänge, die die Erdkruste betreffen [gr.-lat.]

Telebanking (das, -s, nur Ez.) Methode, Bankgeschäfte über Telekommunikation zu bewerkstelligen [gr.-engl.]

Teleobjektiv (das, -s, -e) Objektiv mit langer Brennweite für Fernaufnahmen [nlat.]

Teleshopping (das, -s, nur Ez.) Möglichkeit, über das Fernsehen einzukaufen [gr.-engl.]

Temperafarbe (die, -, -n) Malfarben für Künstler, die z. B. mit Eigelb gebunden sind [lat.-it.-dt.]

tendenziell in eine bestimmte Richtung neigend [lat.-frz.]

tendenziös eine Richtung in der Politik unterstützend, parteilich [lat.-frz.]

Terminal (der, -s, -s) Ein- und Ausgabegerät bei der EDV; Zielbahnhof oder Abfertigungshalle am Flughafen [engl.]

Terrarium (das, -s, -rien) Behälter, in dem kleine Landtiere (ähnlich wie in einem Aquarium) gehalten werden [lat.]

Territorium (das, -s, -rien) (Staats-)Gebiet [lat.-frz.]

Terror (der, -s, nur Ez.) massives Druckmittel, mit dem Angst und Schrecken verbreitet werden sollen [lat.]

> **i** Der **Terrorismus** versucht, den Staat durch Bombenanschläge u. Ä. unter Druck zu setzen.

Testament (das, -(e)s, -e) Regelung des Nachlasses [lat.]

testieren 1. ein Testament anfertigen 2. etwas bestätigen [lat.]

> **i** **TH-/-th-** Diese Buchstabenfolge kommt ebenso wie *Ph-/-ph-* in der deutschen Sprache nicht vor. Die beiden Schreibweisen wei-

sen also auf ein Fremdwort hin.

Theorie (die, -, -n) gedankliche Konstruktion, Überlegung zu allgemeingültigen Gesetzmäßigkeiten [gr.-lat.]

Therapie (die, -, -n) Heilbehandlung [gr.]

thermisch die Wärme betreffend [gr.-lat.]

Thermochromie (die, -, nur Ez.) Farbveränderung einer chemischen Substanz durch Temperatureinwirkung [gr.-lat.]

Thermodynamik (die, -, nur Ez.) Wärmelehre [gr.]

These (die, -, -n) Behauptung, Annahme, die als Grundlage für eine weitere Untersuchung dienen soll [gr.-lat.-frz.]

Thriller (der, -s, -) spannender Roman oder Film, der Nervenkitzel und Spannung erzeugt [engl.]

Thrombose (die, -, -n) Bildung eines Blutpfropfens, der die Adern verstopft [gr.]

Tic (der, -s, -s) unkontrollierbare Muskelzuckung [frz.]

Timing (das, -s, -s) zeitliche Abstimmung mehrerer Vorgänge aufeinander [engl.]

Tinnitus (der, -, nur Ez.) andauerndes Ohrgeräusch, z. B. Rauschen [lat.]

Titulus (der, -, -li) 1. mittelalterliche Bildunterschrift in Versform 2. Ehrenbezeichnung [lat.]

Toleranz (die, -, -en) Verständnis für andere Ansichten, Duldung anderer Meinungen [lat.]

Toner (der, -s, -) Druckfarbpulver, v. a. in Kopierern u. Laserdruckern [engl.]

Tool (das, -s, -s) Hilfsprogramm, das einem die Arbeit am Computer erleichtert [engl.]

Tornado (der, -s, -s) Wirbelsturm in Nordamerika [lat.-span.-engl.]

Tornister (der, -s, -) Ranzen [slaw.]

Torpedo (der, -s, -s) Unterwassergeschoss mit einem Antrieb zum Versenken von Schiffen [lat.]

Torso (der, -s, -s oder -si) Rumpf einer Statue ohne Arme u./o. Beine [gr.-lat.-it.]

Tory (der, -s, -s und -ies) Mitglied der Konservativen Partei in Großbritannien [engl.]

Totalitarismus (der, -, nur Ez.) Bestreben in Diktaturen, das Volk unter Kontrolle zu bekommen [lat.]

Touch (der, -s, -s) kleiner Hauch, Anflug [lat.-frz.-engl.]

Touchscreen (der, -s, -s) Computerbildschirm, der auf Berührung reagiert [engl.]

Toupet (das, -s, -s) Haarteil, Halbperücke [germ.-frz.]

Touristenklasse (die, -, nur Ez.) preiswertere Reiseklasse bei Schiffen oder Flugzeugen [engl.]

Tower (der, -s, -) Kontrollturm am Flughafen [engl.]

Toxikologie (die, -, nur Ez.) Wissenschaft, Lehre von den Giften und ihren Einwirkungen auf den Organismus [gr.]

Trabantenstadt (die, -, -städte) Großstadtvorort mit vielen Hochhäusern, der fast ausschließlich zum Wohnen genutzt wird [tschech.-dt.]

Trademark (die, -, -s) Warenzeichen [engl.]

traditionell üblich, althergebracht [lat.]

Tragik (die, -, nur Ez.) schicksalhaftes, erschütterndes Unglück, dessen Opfer keine Schuld tragen [gr.-lat.]

Trailer (der, -s, -) Vorspann eines Films mit besonders

TRANSFER

packenden Szenen, die für den Film werben sollen [engl.]

Transfer (der, -s, -s) Übertragung, Weitergabe, z. B. von Wissen, Daten oder aber auch Geld [lat.-engl.]

i Im Sport ist ein **Transfer** der Wechsel zum Beispiel eines Berufsfußballers zu einem anderen Verein, der dafür viel Geld zahlt. Beim Reisen bedeutet das Wort den Transport vom Flughafen zum Hotel, im Zahlungsverkehr dagegen ist eine Zahlung ins Ausland in fremder Währung gemeint.

Transformator (der, -s, -en) Gerät zur Spannungsumwandlung von elektrischem Strom [lat.]

Transit (der, -s, -e) Durchreise; Transport von Waren durch ein Land [lat.-it.]

Transparent (das, -(e)s, -e) Spruchband [lat.-frz.]

Transpiration (die, -, nur Ez.) Schwitzen [lat.-frz.]

Transplantation (die, -, -en) Organ- oder Hautverpflanzung [lat.]

Transvestit (der, -en, -en) Mann, der eine Frau sein möchte und sich zum Lustgewinn entsprechend kleidet und schminkt [lat.]

Transzendenz (die, -, nur Ez.) Überschreiten des Bewusstseins und der Erfahrung [lat.]

Trauma (das, -s, -men oder -ta) 1. seelischer Schock 2. körperliche Verletzung durch äußere Gewalteinwirkung [gr.]

Travestie (die, -, -n) komisch-ironische Darstellung eines eigentlich ernsten, bekannten Stoffes der Dichtung [lat.-it.-frz.]

Treatment (das, -s, -s) Vorstufe eines Filmdrehbuchs, in dem die Grundzüge der Handlung beschrieben werden [engl.]

Trend (der, -s, -s) Entwicklungstendenz, Fortschrittsrichtung, Modeströmung [engl.]

ℹ️ **tri-** Vorsilbe, die *drei* bedeutet. Sie stammt ursprünglich aus dem Griechischen, ist aber auch in vielen anderen Sprachen mit der gleichen Bedeutung zu finden.

Triage (die, -, -n) 1. die Einteilung von Verletzten im Kriegs- oder Katastrophenfall nach der Schwere ihrer Verletzungen 2. Ausschuss bei Kaffeebohnen [frz.]

Tribunal (das, -s, -e) 1. hoher Gerichtshof 2. Forum, das gegen behauptete Rechtsverstöße von Staaten o. Ä. protestiert; (Straf-)Gericht [lat.-frz.]

Trial-and-Error-Methode (die, -, nur Ez.) ein Lernverfahren, nach dem Fehler zum Lernprozess gehören und eine Lösung nur durch Ausprobieren und Beseitigen der auftretenden Fehler möglich ist [engl.-gr.-lat.]

Trick (der, -s, -s) Kunstgriff, Kniff [frz.-engl.]

Trilogie (die, -, -n) drei zusammengehörende künstlerische Werke, besonders Bücher [gr.]

Trip (der, -s, -s) kurze Reise, aber auch Rauschzustand nach dem Genuss von Drogen [germ.-frz.-engl.]

Triumphbogen (der, -s, nur Ez.) steinernes Ehrentor, durch das die Feldherren einzogen [lat.-dt.]

trivial nebensächlich, gewöhnlich [lat.-frz.]

Trivialliteratur (die, -, nur Ez.) Unterhaltungsliteratur ohne literarischen Anspruch [lat.]

T TROPEN

Tropen (nur Mz.) heiße Gebiete in Äquatornähe zwischen den Wendekreisen [gr.-lat.]

Truck (der, -s, -s) amerikanische Bezeichnung für Lastkraftwagen [engl.]

Trust (der, -(e)s, -s und -e) Zusammenlegung des Kapitals mehrerer Unternehmen unter einer Führung [engl.]

tunen einen Motor frisieren, d. h. seine Leistung durch Umbauten erhöhen [engl.]

Tuner (der, -s, -) Rundfunkempfänger ohne eigenen Verstärker [engl.]

Turbulenz (die, -, -en) Wirbelströmungen in Wasser oder Luft [lat.]

Tycoon (der, -s, -s) mächtiger Chef eines großen Unternehmens oder einer Partei mit großem Einfluss [chin.-jap.-engl.]

Typogenese (die, -, -n) Ausbildung bestimmter Formen im Laufe der Stammesgeschichte [gr.-nlat.]

Tyrann (der, -en, -en) Gewaltherrscher [gr.-lat.]

Tyrannis (die, -, nur Ez.) Gewaltherrschaft [gr.-lat.]

U

ubiquitär überall verbreitet [lat.-nlat.]

UFO auch: Ufo (das, -s, -s) Abkürzung für *unidentified flying object*: unbekanntes Flugobjekt [engl.]

Ultimatum (das, -s, -ten) Frist, eine Sache zu erledigen, weil sonst harte Maßnahmen ergriffen würden [lat.]

Ultraschall (der, -s, nur Ez.) für das menschliche Ohr nicht hörbare Töne mit Frequenzen über 20 Kilohertz [lat.-dt.]

Ultraviolett (das, -s, nur Ez.) im Lichtspektrum an Violett anschließende Strahlung mit der Wellenlänge von 0,0004 Millimetern [lat.-frz.]

Underdog (der, -s, -s) Benachteiligter, Verfolgter [engl.]

Underground (der, -s, nur Ez.) Untergrundgruppe; außerhalb der etablierten bürgerlichen Gesellschaft lebende Gruppe oder Organisation, die sich als Gegenpol zum Bürgertum versteht [engl.]

Understatement (das, -s, nur Ez.) Untertreibung [engl.]

UNESCO (die, -, nur Ez.) Welthilfsorganisation der Vereinten Nationen für Erziehung, Wissenschaft und Kultur

i **Uni-** aus dem Lateinischen stammende Vorsilbe mit der Bedeutung *ein*

UNICEF (die, -, nur Ez.) weltw. Kinderhilfsorganisation der UNO

Unikat (das, -(e)s, -e) Einzelstück [lat.]

universal allgemein, die ganze Welt umfassend [lat.-frz.]

Universalgenie (das, -s, -s) jmd., der auf vielen Gebieten hochbegabt ist; Alleskönner [lat.-frz.]

Universum (das, -s, nur Ez.) das Weltall [lat.]

unplugged mit ursprünglichem Klang, ohne elektronische Verstärkung [engl.]

Uranografie auch: Uranographie (die, -, nur Ez.) Beschreibung des Himmels [gr.]

Uranoskopie (die, -, nur Ez.) Beobachtung des Himmels [gr.]

Urbanisation (die, -, -en) Erschließung von Boden für den Städtebau [lat.]

User (der, -s, -) 1. Drogenabhängiger 2. Benutzer eines Computerprogrammes [engl.]

U UTILITARISMUS

Utilitarismus (der, -, nur Ez.) philosophische Lehre des Nützlichkeitsdenkens [lat.]

Utopia (das, -s, nur Ez.) erdachtes Land der Zukunft, in dem ein idealer Zustand herrscht [gr.-frz.]

Utopie (die, -, -n) fantastischer Plan, der undurchführbar erscheint [gr.-frz.]

V

Vagina (die, -, -nen) weibliche Scheide [lat.]

Valenzzahl (die, -, -en) Wertigkeit eines Atoms [lat.-dt.]

Validation (die, -, -en) Gültigkeitserklärung [lat.]

Valuta (die, -, -ten) fremde Währung [lat.-it.]

Vampir (der, -s, -e) 1. dem südosteuropäischen Volksglauben entstammendes, blutsaugendes Gespenst [serb.]; 2. Fledermausart

Variabilität (die, -, -en) Verschiedenartigkeit, Veränderbarkeit [lat.-frz.]

Variation (die, -, -en) Abwechslung [lat.-frz.]

Varieté auch: Varietee (das, -s, -s) Unterhaltungstheater mit verschiedenen musikalischen und artistischen Nummern [lat.-frz.]

Vasallenstaat (der, -(e)s,-en) offiziell unabhängiger, wirtschaftlich oder politisch aber von einer Großmacht abhängiger Staat [lat.]

vaskulös reich an Blutgefäßen [lat.]

Vegetarier (der, -s, -) jmd., der nur pflanzliche Nahrung zu sich nimmt [lat.-engl.]

 Der **Veganismus** ist eine Form des Vegetarismus, des fleischlosen Essens, die gänzlich auf tierische Produkte wie z. B. Eier verzichtet. Viele Veganer lehnen auch die Verwendung von Leder, z. B. bei Schuhen und Taschen, ab.

Vegetation (die, -, -en) Pflanzenwelt [lat.]

Vegetationsperiode (die, -, -n) Wachstumszeitraum von Pflanzen [lat.]

Vektor (der, -s, -en) math. u. phys. Größe, die durch einen Pfeil dargestellt wird [lat.]

Vene (die, -, -n) Ader, die Blut zum Herzen führt [lat.]

Venole (die, -, -n) kleinste Vene [lat.]

Verb (das, -s, -en) Zeitwort, Tätigkeitswort [lat.]

Verbalkompositum (das, -s, -ta) Verb, das aus mehreren selbstständigen Verben zusammengesetzt ist [lat.]

Verbosität (die, -, nur Ez.) Wortfülle [lat.]

Vergenz (die, -, -en) Richtung des Faltenwurfs bei Gebirgen [lat.]

Verifikation (die, -, -en) Bestätigung der Richtigkeit [lat.]

verifizieren nachprüfen [lat.]

versal in Großbuchstaben [lat.]

Versfuß (der, -(e)s, -füße) aus Hebungen und Senkungen bzw. langen und kurzen Silben bestehende rhythmische Einheit eines Verses [lat.-frz.]

versus gegen, Abkürzung: vs. [engl.]

Vestibulapparat (der, -(e)s, -e) Gleichgewichtsorgan [lat.-frz.]

Veto (das, -s, -s) Einspruch, der einen Beschluss verhindert [lat.-frz.]

Vexierglas (das, -es, -gläser) seltsam geformtes Trinkgefäß, das zum Trinken Geschicklichkeit erfordert [lat.-dt.]

Vexierspiegel (der, -s, -) Zerrspiegel [lat.-dt.]

Vibration (die, -, -en) Erschütterung, Schwingung, Beben [lat.]

V VIBRATIONS

Vibrations (nur Mz.) Ausstrahlung oder Atmosphäre, die von jmd. oder etwas ausgeht [lat.-engl.]

Videoclip (der, -s, -s) kurzer, mit Musik unterlegter Film [lat.-engl.]

Videokonferenz (die, -, -en) Besprechung, Sitzung, deren Teilnehmer sich an verschiedenen Orten aufhalten, aber durch vernetzte Videokameras kommunizieren können [lat.-engl.-dt.]

Videotext (der, -(e)s, -e) über die Fernsehsender ausgestrahlte Bildtafeln mit Informationen, die über den Bildschirm empfangen werden können [lat.-engl.]

Viktualien (nur Mz.) Lebensmittel [lat.]

Vinkulation (die -, -en) Erklärung, dass Aktien nur mit Einverständnis der Aktiengesellschaft verkauft werden dürfen [lat.]

VIP (die, -, -s) Abkürzung für *very important person*: jmd., der prominent ist und deshalb bevorzugt behandelt wird [engl.]

Virgation (die, -, -en) Auseinanderdriften von Gebirgsfalten [lat.]

Virilität (die, -, nur Ez.) Manneskraft, Männlichkeit [lat.]

Virtual Reality (die, -, nur Ez.) computergenerierte künstliche Wirklichkeit, in die man sich hineinversetzen kann [engl.]

virtuell nicht wirklich vorhanden [lat.-frz.]

virtuos meisterhaft, eine Sache ausgezeichnet können [lat.-it.]

Visagist (der, -en, -en) Spezialist für Kosmetik [lat.-frz.]

Visitation (die, -, -en) Durchsuchung [lat.]

viskos zähflüssig, leimartig [lat.]

visualisieren in Bilder umsetzen, durch Bilder einen Text unterstützen [lat.-engl.]

Visum (das, -s, -sa oder -sen) Ein- oder Ausreiseerlaubnis [lat.]

Vitium (das, -s, -tia) organischer Fehler [lat.]

Vivarium (das, -s, -rien) Behälter zum Halten kleiner Tiere, z. B. ein Terrarium oder ein Aquarium [lat.]

Vokal (der, -s, -e) Selbstlaut: *a, e, i, o, u* [lat.]

Vokalmusik (die, -, nur Ez.) Musik nur für Gesang ohne Instrumentalbegleitung [lat.]

Voltampere (das, - oder -s, -) Einheit der elektrischen Leistung [it.-lat.-frz.]

Volumen (das, -s, - oder -mina) 1. Rauminhalt 2. Gesamtmenge [lat.-frz.]

Voodoo auch: Wodu (der, -s, nur Ez.) magisch-religiöser Geheimkult auf Haiti [westafr.-kreol.]

Votum (das, -s, ta oder -ten) 1. Stellungnahme 2. Stimme (bei einer Abstimmung) [lat.]

Vulgärlatein (das, -s, nur Ez.) die Umgangssprache des Latein [lat.]

W

Wadi (das, -s, -s) Flussbett eines Wüstenflusses [arab.]

Walking (das, -(s), nur Ez.) schnelles Gehen als Vorstufe zum Joggen [engl.]

Walkingbass auch: Walking Bass (der, -, nur Ez.) fortlaufende, gleichförmige Basslinie [engl.]

Walkman (der, -s, -s oder -men) kleiner tragbarer Kassettenspieler mit Kopfhörern [engl.]

Wall Street auch: Wallstreet (die, -, nur Ez.) amerikanisches Finanzzentrum in New York [engl.]

Wandale (der, -n, -n) zerstörungswütiger Mensch [germ.]

Waran (der, -s, -e) tropische Echse, die bis zu 3 Meter lang wird [arab.]

Warp (der oder das, -s, -e) Kettgarn, Schürzenstoff [engl.]

Warrant (der, -s, -s) Lagerschein, Optionsschein [germ.-frz.-engl.]

waterproof wasserdicht [engl.]

Web (das, -s, nur Ez.) Kurzwort für *World Wide Web*: Internet [engl.]

Webseite (die, -, -n) Seite im Internet mit Informationen oder Dienstleistungsangeboten [engl.-dt.]

Werbespot (der, -s, -s) kurzer Film zu Werbezwecken [dt.-engl.]

Whirlpool (der, -s, -s) Badebassin, in das ein Luftstrom geleitet wird, der das Wasser zum Sprudeln bringt [engl.]

Whistler (der, -s, -) durch Blitze ausgestrahlte elektromagnetische Wellen [engl.]

White-Collar-Kriminalität (die, -, nur Ez.) nicht gewalttätige Kriminalität, z. B. Bestechung, Steuerhinterziehung [engl.]

Wok (der, -, -s) chinesische Pfanne mit breitem Rand, in der Speisen unter ständigem Rühren gegart werden [chin.]

Workaholic (der, -s, -s) Arbeitssüchtiger, der zwanghaft ständig arbeitet [engl.]

Workflow (der, -s, -s) Arbeitsablauf und -organisation [engl.]

Work-in-progress gerade entstehende Arbeit, eine noch nicht abgeschlossene Sache [engl.]

Work-out auch: Workout (das, -s, -s) sportliche Übung zur Verbesserung der Kondition [engl.]

Workshop (der, -s, -s) Seminar mit Erfahrungsaustausch der Teilnehmer [engl.]
Workstation (die, -, -s) leistungsfähige Computeranlage am Arbeitsplatz [engl.]
Worldcup (der, -s, -s) Weltmeisterschaft [engl.]
WWW Abkürzung für *World Wide Web*: das Internet [engl.]

X/Y/Z

x-Achse (die, -, -en) = Abszissenachse [lat.]
Xanthippe (die, -, -n) zänkisches Weib [gr.-lat.]
Xenokratie (die, -, -n) Fremdherrschaft [gr.-lat.]
Xenolith (der, -(e)s oder -en, -e oder -en) eingeschlossenes Gestein in erkaltetem Magma [gr.]
Xerophyt (der, -en, -en) trockene Umgebung liebende Pflanze [gr.]
xerotisch trocken [gr.-nlat.]
Xylofon auch: Xylophon (das, -s, -e) Schlaginstrument aus tischartig angebrachten Holzstäbchen, die nach der Tonleiter gestimmt sind [gr.]
Xylometer (das, -s, -) Messgerät zur Größenbestimmung von unregelmäßigen Hohlräumen in Hölzern [gr.]
y-Achse (die, -, -n) = Ordinatenachse [lat.]
Yakuza (die, -, nur Ez.) japanische Verbrecherorganisation, auch *japanische Mafia* genannt [jap.]
Yellow Press (die, -, nur Ez.) Regenbogenpresse, Sensationspresse [engl.]
Yankee (der, -s, -s) Spitzname für Bewohner der amerikanischen Nordstaaten [engl.]
Yen (der, -(s), -(s)) japanische Währungseinheit [jap.]
Yeoman (der, -, -men) britischer Leibgardist [engl.]

Y YETI

Yeti (der, -s, -s) sagenumwobener Himalaya-Schneemensch [nepal.]

Yoga auch: Joga (das oder der, -(s), nur Ez.) Übungssystem zum Körper- und Geistestraining: Atem-, Entspannungs- und Konzentrationstechnik [sanskr.]

Youngster (der, -s, -s) junger Sportler [engl.]

Yucca (die, -, -s) Palmlilie [span.-nlat.]

Yuppie (der, -s, -s) Kurzwort für *young urban professional*: karrierebewusster, junger, erfolgreicher und wohlhabender Stadtmensch [engl.]

i Viele der Fremdwörter, die mit Z beginnen, wurden ursprünglich mit C geschrieben. Um die Internationalität zu wahren, werden wissenschaftliche Begriffe, z. B. *Zytologie*, in Fachtexten auch weiterhin mit C (*Cytologie*) geschrieben.

zappen mit der Fernbedienung von einem Fernsehprogramm zum anderen schalten [engl.]

Zar (der, -en, -en) Herrschertitel in Osteuropa [lat.-got.-slaw.]

Zäsur (die, -, -en) Einschnitt [lat.]

Zellmembran (die, -, -en) die den Zellkern und das Plasma umhüllende Schicht einer Zelle [lat.]

Zellulitis auch: Cellulitis (die, -, -tiden) veränderte Struktur des Zellgewebes, sogenannte Orangenhaut [lat.]

Zement (der, -(e)s, -e) Baustoff aus feinem Kalk und Ton [lat.-frz.]

Zensur (die, -, -en) 1. staatliche Überprüfung und Überwachung von Presse u. Ä. auf unerwünschte Inhalte 2. Note, Bewertung einer Leistung [lat.]

Zentralisation (die, -, -en) organisatorische Zusammenfassung [gr.-lat.-frz.]

Zentralismus (der, -, nur Ez.) Bestreben eines Staates, alle Verwaltungsebenen an einer Stelle zu konzentrieren [gr.-lat.]

Zentrifugalkraft (die, -, nur Ez.) Fliehkraft, nach außen gerichtete Kraft bei einer Drehung [gr.-lat.-dt.]

Zentrifuge (die, -, -n) Schleuder zur Trennung von Substanzen, z. B. Flüssigkeiten [frz.]

Zeremonienmeister (der, -s, -) Hofbeamter, der für das Hofzeremoniell verantwortlich ist [lat.-dt.]

Zertifikat (das, -(e)s, -e) amtliche Beglaubigung [lat.]

Zerumen (das, -s, nur Ez.) Ohrenschmalz [lat.]

Zimbel (die, -, -n) Schlaginstrument [gr.-lat.]

Zionismus (der, -, nur Ez.) 1. jüdische Bewegung mit dem Ziel der Gründung eines jüdischen Staates in Palästina 2. politische Strömung innerhalb des Judentums mit dem Wunsch einer Stärkung des Staates Israel [nlat.]

Zirkeltraining (das, -s, -s) Sportübung an verschiedenen, in Kreisform aufgebauten Geräten [gr.-lat.-engl.]

Zirkular (das, -s, -e) Rundbrief [gr.-lat.]

Zirkulation (die, -, -en) Kreislauf, Umlauf [gr.-lat.]

Zirkumskription (die, -, -en) Umschreibung; Abgrenzung von Gebieten, die der Kirche gehören [gr.-lat.]

Zirkumzision (die, -, -en) Beschneidung des Penis [gr.-lat.]

Zivilcourage (die, -, nur Ez.) Mut im privaten Leben, z. B. überall seine eigene Meinung trotz möglicher Nachteile zu sagen [lat.-frz.]

Zivildienst (der, -(e)s, nur Ez.) Wehrersatzdienst, den Kriegsdienstverweigerer leisten [lat.-frz.-dt.]

Zivilehe (die, -, -n) nicht kirchlich, sondern standesamtlich geschlossene Ehe [lat.-frz.-dt.]

Zivilisation (die, -, -en) Gesamtheit der sozialen und materiellen Lebensbedingungen [lat.-frz.]

Zivilprozess (der, -es, -e) Gerichtsverfahren, in dem es nicht um Bestrafung, sondern um den Ausgleich verschiedener Interessen, z. B. im wirtschaftlichen Bereich, geht [lat.-frz.]

Zoophobie (die, -, -n) Angst vor Tieren [gr.-lat.]

Zoospore (die, -, -n) bewegliche Fortpflanzungszelle niederer Pflanzen [gr.-lat.]

Zote (die, -, -n) unanständiger Witz, grobe Redensart [gr.]

Zyklamat (das, -(e)s, -e) künstlicher Süßstoff [gr.-lat.]

Zyklometer (das, -s, -) Apparat zur Messung der Drehungen eines rollenden Rades [gr.]

Zyklon (der, -s, -e) tropischer Wirbelsturm, v. a. im Indischen Ozean [gr.-engl.]

Zyklus (der, -, -klen) sich wiederholendes Geschehen, Kreislauf [gr.-lat.]

zynisch spöttisch, bissig [gr.-lat.]

Zyste (die, -, -n) krankhafte, mit Sekret gefüllte geschlossene Körperausstülpung, z. B. Gebärmutterzyste [gr.-lat.]

Zytologie (die, -, nur Ez.) Wissenschaft von den (lebenden) Zellen [gr.]

Zytostom (das, -s, -e) Zellmund der Einzeller [gr.]